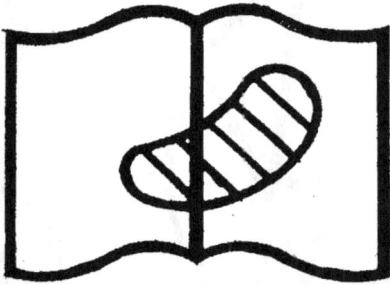

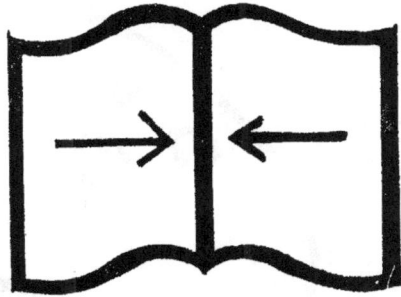

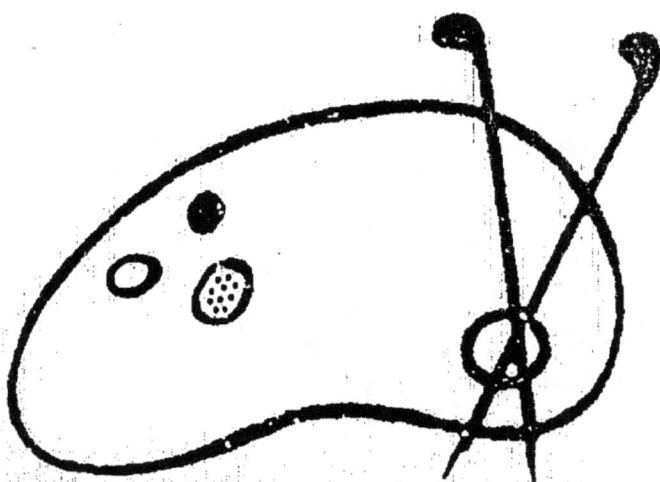

Couvertures supérieure et inférieure
en couleur

COLLECTION HISTORIQUE UNIVERSELLE ( )

HISTOIRE

DE LA

2790

CRITIQUE LITTÉRAIRE

EN FRANCE

PAR

HENRI CARTON

PARIS

A. DUPRET, ÉDITEUR

RUE DE MÉDICIS, 3

1886

A. DUPRET, Éditeur

RUE DE MÉDICIS, 3

COLLECTION HISTORIQUE UNIVERSELLE

HISTOIRE DE L'ACADÉMIE FRANÇAISE, par CHARLES BARTHÉ-
LEMY, grand in-18. . . . . 2 fr.

LA MYTHOLOGIE, de ANDREW LANG, traduite de l'Anglais
par M. LÉON PARMENTIER, avec une introduction et des
notes, par M. CHARLES MICHEL, professeur à la Faculté
des Lettres de Gand, grand in-18. . . . . . . 2 fr

HISTOIRE DE LA MÉDECINE, par M. LUCIEN BARBILLION, grand
in-18 . . . . 2 fr

SOUS PRESSE :

HISTOIRE DE LA DETTE PUBLIQUE EN FRANCE, par M. E.-H
RÉBOUIS, archiviste-paléographe, docteur ès lettres et e
droit, grand in-18 . . . . 2 fr

HISTOIRE DE LA FORMATION TERRITORIALE DE LA FRANCE, pa
M. FRANÇOIS LHOMME, agrégé de l'Université, professeu
au lycée Janson de Sailly, grand in-18. . . . 2 fr

HISTOIRE DES INSTITUTIONS JUDICIAIRES, par M. BROSSARD
MARSILLAC, docteur en droit, maître des requêtes au Con
seil d'Etat, grand in-18 . . . . 2 f

Nombreux ouvrages en préparation

Imprimerie de DESTENAY, Saint-Amand (Cher).

HISTOIRE

DE LA

CRITIQUE LITTÉRAIRE

COLLECTION HISTORIQUE UNIVERSELLE (1)

HISTOIRE

DE LA

CRITIQUE LITTÉRAIRE

EN FRANCE

PAR

HENRI CARTON

PARIS

A. DUPRET, ÉDITEUR

RUE DE MÉDICIS, 3

1886

HISTOIRE

DE LA

CRITIQUE LITTÉRAIRE EN FRANCE

CHAPITRE PREMIER

APERÇU GÉNÉRAL

§ I.

Entreprendre d'écrire, même en abrégé, l'histoire de la critique littéraire en France, c'est étudier, sous une de ses faces intéressantes, le génie particulier de notre nation ; c'est rappeler, dans une de ses parties qui n'est pas la moins importante, l'histoire même de la marche et des progrès de l'esprit français.

1

Ce n'est certes pas sans raison qu'on a cons-
taté la large place que tient la critique dans
nos mœurs et dans nos habitudes, non moins
que dans la littérature.

Nous sommes justement fiers de voir s'accroître de jour en jour le nombre de ces esprits cultivés et délicats, auxquels le monde
des idées offre un sujet d'observation et d'en-
tretien aussi vaste et aussi attachant que celui
de la politique et des affaires.

Sans doute la critique n'a point d'âge, à
proprement parler. Elle est de tous les temps
comme de tous les pays, car elle est presque
aussi ancienne que l'art ; elle succède naturellement à toute grande production intellectuelle, et, à côté du génie plus ou moins inspiré qui crée, il y a toujours l'esprit plus ou
moins réfléchi qui raisonne son admiration et
en précise les limites.

Mais sur quel sol fleurit-elle jamais avec
plus d'éclat que sur nôtre terre de France ? Ses
origines se relient à nos origines mêmes, ses

développements marchent de front avec les développements de notre esprit national ; elle se révèle, dans tout son épanouissement, au xvıı⁰ et surtout au xvıı⁰ siècle ; elle comprend, dès lors, la double mission qu'elle a reçue des temps modernes de faire éclore des écrivains et de leur donner des juges dont les suffrages soient une leçon et une récompense.

De nos jours, sans s'inquiéter de ce qu'elle peut perdre de sa vigueur dans l'éparpillement, elle revêt toutes les formes : le livre, le pamphlet, le journal, la revue. Plus que jamais elle est la taxe que le public prélève sur quiconque a la prétention de prendre sa place au soleil dans la république des lettres, et, suivant la parole d'Addison, « c'est un impôt que tout candidat à la célébrité doit payer au public ; vouloir s'y soustraire, quelque mérite éminent que l'on ait, c'est une folie ; ne pouvoir la supporter est une faiblesse. »

Comment, d'ailleurs, pourrait-il en être autrement, puisque la critique n'est autre chose

que le sens commun mis en présence des pro-
duits du raisonnement, le sentiment placé en
face des manifestations de la pensée dans les
arts ou dans les lettres ? Elle a pour base la
recherche et la conscience du beau, c'est-à-
dire le goût, ou l'exercice actif, raisonné, du
principe que l'on nomme Esthétique.

Tel est l'intéressant sujet de l'étude que
nous allons poursuivre. Certes, l'auteur de ce
livre n'a point la prétention de ne présenter
qu'un ouvrage exclusivement récréatif et di-
vertissant. Il craindrait également que, jugeant
sur le titre, sur « l'enseigne extérieure, »
comme l'appelle Rabelais, on n'y vît qu'une
œuvre d'érudition et l'exposé trop sévère de
recherches ardues. Il espère, au contraire, que
le lecteur partagera l'intérêt qui n'a cessé de
le soutenir dans le cours de ce travail.

Après quelques notions jugées indispensa-
bles sur la critique, son but, ses conditions,
nous aurons à parcourir, étape par étape, la
marche qu'elle a suivie dans notre histoire lit-

téraire, et à en bien déterminer les caractères propres à chaque époque par l'exposé des œuvres de ses principaux représentants.

§ II.

Dans son sens général et d'après l'étymologie, le mot *critique* signifie *examen*, *jugement*.

C'est proprement, au point de vue spécial qui nous occupe, l'art de juger les productions littéraires et d'en apprécier les mérites et les défauts.

Le domaine de la pensée se trouve partagé entre deux grandes familles d'esprits, les inspirés et les observateurs, ceux qui créent et ceux qui prennent à tâche d'étudier, de juger la chose créée.

La création d'une œuvre et la critique ne sont donc pas des fonctions du même ordre. L'artiste, l'écrivain procèdent presque toujours d'instinct ; l'art n'a, pour ainsi dire, pas de précurseur, il naît de lui-même. Subalterne en son rôle, la critique arrive alors ; ne pouvant précéder l'œuvre, elle la suit, l'examine, l'analyse, en étudie les procédés et en déduit les règles qui feront autorité. Diderot la compare aux recherches « de ces gens qui s'en « vont, un bâtonnet à la main, remuer le sa- « ble de nos rivières pour y découvrir une « paillette d'or. »

Au besoin, la critique règlera les écarts du génie, car l'inventeur peut n'être parfois qu'un aventurier qui se trouve jeté dans le port par un caprice de la tempête : il appartient à la critique éclairée d'être la boussole qui en indique sûrement la route.

Les grands maîtres de la critique furent donc d'abord les grands écrivains qui pressentirent et appliquèrent les lois de l'art avant même leur promulgation. Homère, Eschyle, Sophocle les connaissaient avant d'avoir eu Aristote pour les leur enseigner. Ils les avaient devinées par la contemplation des œuvres de la nature et par l'étude de ce grand livre qui s'appelle le cœur de l'homme.

On peut distinguer deux sortes de critiques : l'une générale, l'autre particulière.

La critique *générale* s'occupe des principes mêmes de la composition, elle résout les questions relatives au génie, au style et au goût, et traite des différents genres littéraires, ainsi que des règles qui leur sont propres.

La critique *particulière* prend à part les écrivains et chacune de leurs œuvres pour en faire ressortir les qualités et les défauts. « Ces deux branches de la critique, — dit M. Vapereau, — sont plutôt distinctes que séparées, et souvent elles se mêlent, se pénètrent, se confondent dans la pratique. Il est difficile de traiter les points généraux de l'Esthétique littéraire, d'exposer la théorie de la composition, de discuter les conditions d'un genre, sans justifier les principes par des applications et sans éclairer les règles par des exemples. D'autre part, il est impossible de décider d'un ton d'oracle qu'une œuvre particulière est bonne ou mauvaise sans rattacher le jugement rendu à des règles et à des principes qui lui communiquent de leur autorité. »

Le malheur veut qu'à côté de cette double critique éclairée, modeste et bienfaisante, il y en ait une autre fausse et malveillante, ignorante et funeste. C'est un fait ancien comme le monde, que tous les grands succès attirent à celui qui les obtient autant d'ennemis que d'admirateurs. « Le potier porte envie au potier, » dit le proverbe grec ; mais, parmi les rivalités, il n'en est pas de plus acharnées et de plus ardentes que les rivalités littéraires.

« L'envie, — dit M. Villemain, — occupe toujours une place dans l'histoire des écrivains célèbres et l'on ne peut admirer leurs chefs-d'œuvre sans se souvenir de leurs détracteurs. Mais une censure impartiale triomphe des critiques passionnées, etc. »

Dans l'ancienne Grèce, dès le VIe siècle avant notre ère, Zoïle se montre le représen-

tant attitré de cette critique odieuse. Il écrit
ses « Remarques Hypocritiques » sur les philosophes, les orateurs et les poètes, ou plutôt
contre eux. Il rompt violemment en visière
avec l'admiration de ses contemporains, et
n'épargne ni les *Discours* d'Isocrate, ni les
Dialogues de Platon. Son acharnement légen-
daire contre l'auteur de l'Iliade et de l'Odyssée
l'a fait surnommer le fouet ou le fléau d'Homère : *Homéromatix*. La haine qu'il souleva explique, sans la justifier, sa condamnation
à mort. Hélas! la race des critiques envieux et
passionnés ne disparut pas avec celui qui leur
transmit son nom par héritage; Les Zoïle
sont de tous les temps.

Il ne faudrait pas cependant s'exagérer
l'influence de la mauvaise critique, qui, suivant la pensée de M. Villemain, « afflige plus
les hommes de lettres qu'elle ne peut leur
nuire. » — « Elle n'a jamais tué ce qui doit
vivre », dit Châteaubriant, souvent même elle
atteint un but opposé à celui qu'elle poursuit,

et ce n'est pas sans raison que Boileau la compare à une raquette : « Elle relève un livre et l'empêche de tomber. »

Deux siècles après Zoïle, le nom d'Aristarque devint synonyme du critique sévère, mais juste. Lui aussi passe au crible les œuvres d'Homère, il en élague les vers, les expressions qui lui paraissent faire tache et être l'œuvre des copistes. Il soumet également à une vigoureuse discussion les œuvres de Pindare, d'Archiloque, d'Eschyle, d'Aristophane, etc.; et malgré l'accusation de sévérité que lui porte Cicéron, il meurt à soixante-douze ans, de sa belle mort, honoré de ses concitoyens et recommandé à l'estime de la postérité.

C'est que bien comprise, en effet, la critique est une grande et noble science, destinée à donner de beaux fruits. Celui qui l'exerce dignement devient, selon l'expression de Balzac, « le censeur et le magistrat des idées. » Considéré dans ces hauteurs d'où elle ne devrait jamais descendre, c'est une partie de l'Eloquence.

Horace avait la modestie de se comparer à la pierre qui fait couper le fer sans couper elle-même [1]. Tel est vraiment le rôle de bon nombre d'esprits sains, judicieux et délicats, qui, sans avoir peut-être le don de créer, peuvent du moins avec droiture et bonne foi travailler utilement à guider l'opinion sans la contraindre, à faire aimer les bons ouvrages, à lutter contre la dépravation du goût.

C'est un devoir à tout écrivain de consulter les œuvres de ces observateurs, au risque de les critiquer eux-mêmes, s'il y a lieu, et de faire, dans leurs préceptes, la part de ce qu'il y a de transitoire et d'absolu.

Nous ne dirons donc pas avec Destouches, (et encore moins avec Boileau à qui trop sou-

---

[1] . . . . . . Ergo fungar vice cotis, acutum
Reddere quæ ferrum valet, exsors ipsa secandi.

(*Art poët*. 304-305.)

vent on attribue ce vers dont il n'est pas coupable :)

La critique est aisée et l'art est difficile.

Non, nous regardons, au contraire, la critique comme un art difficile, art doublé de science, et qui exige une réunion d'aptitudes matérielles et de qualités acquises qui ne vont pas toujours ensemble.

Il n'appartient pas au premier venu de se poser en législateur du Parnasse ; dans la république des lettres la différence des mérites fait la distinction des rangs, et ceux-là seuls tiendront haut et ferme le sceptre d'une autorité qu'on n'osera pas discuter, qui en imposeront à tous par leur supériorité intellectuelle et morale.

Une exquise délicatesse de goût, jointe à un grand fonds de bons sens et de raison ; une philosophie assez solide pour ne jamais s'écarter des principes du beau, et assez souple pour ne point s'effaroucher de l'incessante variété de ses manifestations ; l'intelligence des règles essentielles de l'art et l'indépendance des procédés temporaires de convention ; une connaissance étendue des littératures de toutes les époques et le sentiment précis de leur originalité particulière ; telles sont les principales qualités intellectuelles du critique.

Il doit posséder également de grandes qualités morales, et, entre toutes, l'impartialité.

« La critique ne connaît pas le respect, — dit M. Renan, — elle juge les hommes et les dieux. » Cette impartialité requiert de la conscience, de l'abnégation, un égal éloignement pour le dénigrement et la flatterie.

Quelqu'un a dit : « La critique est un flambeau et la louange un bandeau. » Gardons-nous de pousser trop loin cette crainte de la louange. Il y a des encouragements utiles, nécessaires. Le génie lui-même est parfois effrayé de ses propres audaces ; il faut être bien sûr de soi pour se permettre de lui imposer des entraves. Marmontel réclame avec un certain enthousiasme cette liberté de génie. « O vous, s'écrie-t-il, qui voulez voir ce que peut la poésie dans sa chaleur et sa force, laissez bondir en liberté ce coursier fougueux ; il n'est jamais si beau que dans ses écarts ; le manège ne ferait que ralentir son ardeur et l'aisance noble de ses mouvements ; livré à lui-même, il se précipitera quelquefois, mais il conservera, même dans sa chute, cette fierté et cette audace qu'il perdrait avec la liberté. »

Il est, d'ailleurs, un maître critique qui se charge de rectifier les erreurs et qui finit toujours par rendre à chacun ce qui lui est dû. Ce critique par excellence, quoique plus ou moins éclairé suivant les siècles et les pays, c'est le bon sens public. « L'opinion publique, — dit le même Marmontel, — est comme un fleuve qui coule sans cesse et qui dépose son limon. Le temps vient où ses eaux épurées sont le miroir le plus fidèle que puissent consulter les arts. »

§ III.

Le cadre de cet ouvrage ne comporte pas
l'histoire de la critique dans l'antiquité. Cependant une double raison — d'origine et
d'analogie, — nous ferait regretter de n'en
pas dire un mot en passant.

C'est d'abord une question d'*origine*. On ne
peut oublier, en effet, que c'est à l'école des
grands maîtres de Rome et d'Athènes que s'est
formée notre critique, ainsi, d'ailleurs, que
toute notre littérature.

C'est aussi une question d'*analogie*. Un coup
d'œil rétrospectif sur ces temps reculés vient
éclairer notre sujet d'une sorte de lumière générale en nous faisant voir comment, dans
tous les siècles, la critique littéraire est principalement l'œuvre des philosophes ou plutôt
comment elle naît de la philosophie et avec
quelle soumission fidèle elle en suit les évolu-

tions et en prend les caractères à travers les âges.

« Par crainte de la philosophie littéraire, — dit M. P. Janet, — on a séparé violemment la philosophie de la littérature. C'est un sérieux danger. »

— C'est vrai, mais ce qui n'est pas moins incontestable, c'est l'influence que, séparée ou non, la philosophie n'a jamais cessé d'exercer sur la littérature, et dont celle-ci, consciente ou inconsciente, eût essayé vainement de s'affranchir.

C'est qu'avant tout, la littérature, comme l'Art dont elle est une forme, consiste dans *l'expression*. Elle n'a point à créer le fond d'idées qu'elle aura à revêtir de ses formes esthétiques ; ce fond d'idées, elle le trouve tout prêt à chaque époque et elle l'emprunte soit à la philosophie, soit à la religion, soit même ensemble à l'une et à l'autre quand elles s'accordent.

C'est ainsi par exemple, que la philosophie

grecque des premiers temps, d'accord avec la croyance religieuse, n'admet guère la liberté morale ; la conséquence de cette doctrine fataliste est que le théâtre, comme toute la poésie, nous montre sans cesse l'homme soumis à l'inflexible tyrannie du destin.

De même encore l'antiquité grecque ne distingue pas la divinité de la nature ; aussi l'art et la poésie de la Grèce sont panthéistes.

Et il en sera ainsi à toutes les époques de la littérature et de la philosophie jusqu'à nos jours, et toujours on pourra constater cette solidarité de la pensée et de l'expression.

Voilà pourquoi la critique, chez les anciens, se trouve chez les philosophes beaucoup plus que dans les ouvrages, d'ailleurs perdus, des rivaux d'Aristarque et de Zoïle.

Elle se montre dans les écrits de Platon et d'Aristote, avec les oppositions naturelles de leur génie, manifestées dans leur philosophie tout entière.

Le *Gorgias*, le *Phèdre* et plusieurs discours

du fondateur de l'Académie sont de magnifi-
ques échantillons de la critique que l'idéalisme
peut inspirer.

Les écrits d'Aristote nous montrent les
questions littéraires traitées par un esprit pratique, familier avec l'analyse des éléments des
choses extérieures et de la pensée. On sait de
quel respect religieux fut entouré parmi nous
le nom d'Aristote, que M. Villemain appelle
« le plus hardi penseur de l'antiquité et le plus
ancien peintre de la nature. » Son autorité
est encore invoquée par les partisans du genre
classique, et nul assurément n'exerça une
influence, une domination plus puissante sur
la littérature française, aussi bien que sur les
Lettres latines.

La *Poétique* d'Aristote a servi de modèle à
deux chefs-d'œuvre de critique : l'Art poétique d'Horace et l'Art poétique de Boileau ; et
sa *Rhétorique* a inspiré Cicéron et tous les
grands orateurs.

Les destinées de la critique à Athènes, et

plus tard à Alexandrie, se poursuivirent brillamment, si l'on en juge par leur reflet dans le *Traité du Sublime* qui nous est parvenu sous le nom de Longin.

C'est encore dans les livres des philosophes, avant d'avoir des auteurs spéciaux, que la critique prendra sa place à Rome, où l'on suit d'instinct les traces de la Grèce.

Cicéron transporte dans d'éloquents traités l'Esthétique et la Rhétorique platoniciennes, avec la Métaphysique Académique et la Morale des stoïciens.

Constatons en passant que le *Brutus*, de Cicéron, consacré à l'histoire de l'Eloquence, fournit le premier exemple de l'Art de juger les orateurs et les écrivains en les soumettant à ces règles sévères et fécondes à la fois qu'il pratiquait si admirablement lui-même.

Cicéron laisse après lui une brillante pléïade de disciples et de rivaux, tels que Tacite, Quintilien et d'autres encore qui élèvent la critique au niveau de leurs pensées, font disparaître toutes les différences qui séparent l'art de juger du talent de produire, et dont M. Ville main a pu dire : « Leurs éloges sont des luttes contre ceux qu'ils admirent, et leur propre éloquence un hommage de plus pour les grands hommes qu'ils ne peuvent célébrer qu'en les égalant. »

CHAPITRE II

LA CRITIQUE EN FRANCE AVANT LE XVII° SIÈCLE

C'est une vérité acquise que la critique, telle que nous l'entendons, exige pour se produire un certain développement des facultés littéraires. Nous la chercherions vainement dans cette longue suite de siècles qui s'étend de la décadence latine aux temps modernes, et qui est l'époque de transition du latin à la langue vulgaire. Certes, nous ne prétendons pas qu'il y ait jamais eu, dans notre existence nationale, aucune période absolument stérile pour les arts ou pour la pensée ; nous applaudissons, au contraire, à la vaillante entreprise

des historiens qui, s'appuyant sur l'érudition
et l'archéologie, tentent d'exhumer, de réha-
biliter le Moyen-Age artistique et littéraire.
Mais il faut bien reconnaître que si notre esprit accuse déjà des aptitudes vives et satiriques, l'heure n'est pas encore venue pour lui
d'exercer ses qualités de critique.

A l'époque même de la Renaissance, au
xvi⁰ siècle, il n'y a guère de littérateurs éminents que dans la catégorie des producteurs.
Et encore, pour la plupart, ils imitent bien
plus qu'ils ne créent, mais ils ne critiquent
pas. Ils font revivre le plus possible l'antiquité,
ils fouillent partout et retrouvent tout ce qu'ils
peuvent; et, sans proportion, avec la même
bonne foi, ils admirent toutes leurs restaura-
tions et leurs découvertes.

Ceux mêmes qu'on pourrait appeler les
critiques d'alors ne s'occupent que de questions
grammaticales et philologiques. D'ailleurs,
ils ne jugent guère les œuvres contemporaines;
ils s'appliquent à l'antiquité et ils l'étudient

bien plus en érudits et en grammairiens qu'en philosophes et en artistes.

« La Renaissance, — dit éloquemment
« M. Em. Krantz, — avait été une poursuite
« tumultueuse et téméraire de la vérité et de
« la beauté dans tous les sens.

« Au sortir de la longue tristesse du Moyen-
« Age, l'esprit humain s'était précipité à la
« fête de nouveautés où le conviait l'antiquité
« renaissante, avec une hâte et une intempé-
« rance d'enfant.

« Après les siècles d'ascétisme imposés à la
« pensée et au cœur par la sécheresse scho-
« lastique, les hommes étaient avidement
« accourus au grand banquet du xvi⁰ siècle.
« Ils y avaient touché et goûté à tout, fascinés
« par l'abondance, égarés par des variétés et
« ne sachant par où commencer ; tour à tour
« ils avaient tendu les deux mains à l'art, à la
« science, à l'érudition, à la philosophie, et
« s'étaient enivrés du mélange de tous ces vieux
« vins, trop forts pour leurs jeunes cerveaux.

« Aussi le caractère de la Renaissance est-« il une prodigieuse confusion. Les grands « hommes de ce temps sont tous des encyclo-« pédies. »

Et à l'appui de cette proposition, M. Krantz cite trois noms, qui sont bien les esprits les plus étonnants de ce siècle et chez lesquels peut-être on trouverait, en plus grand nombre, des traces de critique, bien qu'à l'état diffus, sporadique ; Marguerite de Navarre, Rabelais et Montaigne.

Marguerite de Valois, reine de Navarre, dont une très-piquante statue, dûe au ciseau de M. Lescorné, orne le jardin du Luxembourg, est une des plus exactes personnifications de son époque. Cette princesse, que son frère, François Ier, appelait affectueusement la « Marguerite des Marguerites, » est à la fois « prosateur et poète, érudite et diplomate, mystique et libre-penseuse, théologienne orthodoxe avec Briçonnet et protestante avec Marot; elle lit Platon en grec et la Bible en hébreu ;

elle a un maître de géométrie et un maître de musique. » Elle fit de sa petite cour de Nérac un centre pour les lettres et la poésie, et y attira Du Moulin, Boaistuau, Sainte-Marthe, Peletier, Des Périers, Marot, et tant d'autres qui vécurent dans son intimité. Tout en protégeant les auteurs, elle-même écrivit beaucoup et sur toutes sortes de sujets, mais combien peu de place tiennent, au milieu de tant d'ouvrages, les observations critiques qui lui échappent inconsciemment !

Il convient d'attribuer une plus large part à Rabelais, dont les ouvrages ne sont qu'une critique politique, religieuse, philosophique, sociale, morale, artistique, scientifique, et même littéraire. Placé au premier rang parmi les créateurs de la langue française, il ouvre le xvi° siècle comme Voltaire a fermé le xviii°. Tous deux, armés du ridicule, aiguisé chez l'un par la colère, tempéré chez l'autre par la gaieté, font la même guerre et déployent la même audace. Pour faire accepter la hardiesse de ses réformes et en faire passer la témérité, Rabelais secouera la marotte de Triboulet ; il se fera le fou du roi et de la nation. D'une érudition prodigieuse, initié à toutes les doctrines et à toutes les recherches de la science, versé dans la connaissance des langues anciennes et des littératures étrangères, il eut surtout l'heureuse inspiration de ne vouloir se servir que du français, et il le fit en maître. Citons, à titre d'exemple, l'habile critique qu'il dirige contre Ronsard et son école de la soi-disant « Illustration de la Langue française. » Cette école prétendait régénérer et enrichir le langage et la poésie en les modelant sur l'antique, en les retrempant aux sources de Pindare et d'Horace. Voici comment Rabelais la juge :

Pantagruel rencontre un Limousin, « escolier tout joliet, » et lui demande d'où il vient.

« De l'alme, inclyte et célèbre académie que l'on vocite Lutèce ; — répondit l'escolier. — Qu'est-ce à dire ? dist Pantagruel à un de ses gens. — C'est, respondit-il, de Paris. — Tu

viens donc de Paris, dit-il, et à quoy passez-
vous le temps, vous aultres messieurs estu-
dians audict Paris? » — Respondit l'escolier :
« Nous transfretons la séquane au dilucule et
crépuscule ; nous déambulons par les compites
et quadrivies de l'urbe,... etc. » — A quoy
Pantagruel dist : « Quel diable de langaige
est cecy?... Qu'est-ce que veult dire ce fol?...»
A quoy dist un de ses gens : « Ce gallant ne
fait que escorcher le latin, et cuide pindariser ;
et luy semble bien qu'il est quelque grand orateur en français, parce qu'il dédaigne l'usance
commun de parler, » etc.

Plus que les autres encore, Montaigne dit
son mot sur toute chose. En religion, en politique, en littérature, chacun disait : « Je sais
tout. » Montaigne prit pour devise : « Que
sais-je? » C'est justement parce qu'il savait
trop. Son savoir embarrassait sa raison.
« Beaucoup savoir, disait-il, apporte occasion
de plus douter. »

Mais telle est la fatalité littéraire qui pèse

sur le xviᵉ siècle, que les œuvres les plus heureuses manquent toujours de ce don suprême qui semble le fruit naturel de certaines saisons de la vie des peuples. Le goût, et par conséquent la critique qui en est la formule légale, faisaient défaut. Le goût est le bon sens du génie. « C'est une chose étrange, — dit Châteaubriant, — que ce toucher sûr, pour qui une chose ne rend jamais que le son qu'elle doit rendre, soit encore plus rare que la faculté qui crée. L'esprit et le génie sont répandus en portions assez égales dans les siècles, mais il n'y a dans ces siècles que certaines nations, et chez ces nations qu'un certain moment, où le goût se rencontre dans toute sa pureté. » Comme pour certains astres, dont la conjonction ne s'effectue qu'après la révolution de plusieurs siècles, le moment vint enfin où, sous notre ciel littéraire, se produisit cette heureuse rencontre du goût et du génie. Nous avons nommé le xviiᵉ siècle.

CHAPITRE III

LA CRITIQUE AU XVII° SIÈCLE

C'est avec l'époque dite *classique* que la critique prend en France une importance considérable. Cette forme classique, dont la désignation, consacrée par l'usage, s'accentua davantage encore par son opposition avec la forme romantique qui suivit, caractérise la philosophie aussi bien que la littérature. Nous signalons cet accord dont nous aurons à établir l'existence.

Le xvII° siècle avait reçu de l'âge précédent un riche patrimoine. Il fit l'inventaire de cet abondant pêle-mêle, il y appliqua une sorte

2*

de doute méthodique littéraire, « rejetant, — dit M. Krantz, — le cuivre et le verre, et ne jugeant digne d'être conservé que ce qu'il aura jugé digne d'être admiré. »

Dès lors, la véritable critique est née, elle est constituée comme œuvre d'art et de goût ; elle a une organisation, une voix, un rôle, elle est une puissance.

Les grands poètes eux-mêmes deviennent de grands critiques, quand ils veulent s'en donner la peine. On peut juger des discussions que le théâtre soulève par la justification que Corneille et Racine essayent de leurs œuvres, le premier dans des examens parfois très-développés, le second dans des préfaces courtes et précises. Il est curieux de rapprocher leurs jugements des comptes-rendus, des dissertations, des fanfaronnades et même des parodies que suscite chacune de leurs pièces.

Cesd eux noms de Corneille et de Racine et celui de Molière deviendront le centre de la critique *théâtrale*, si importante au xviiᵉ siècle.

Nous en suivrons les péripéties soit à l'académie, soit dans les grands salons littéraires formés sur le type de l'hôtel de Rambouillet.

Les noms de Boileau, de Fénelon, de La Bruyère, et plusieurs autres, nous ramèneront ensuite à l'étude de la critique, soit générale, soit particulière.

§ I.

Corneille n'avait encore donné que quelques comédies et une tragédie : La *Médée*.

Richelieu, dont on connaît les prétentions littéraires, l'avait mis au nombre des poètes qu'il avait à ses gages pour remplir ses canevas dramatiques :

L'Estoile, Boisrobert, Colletet, Rotrou.

Mais les fers que l'on dore n'en sont pas moins des fers, et la fierté, l'indépendance d'esprit du jeune Corneille devaient bientôt secouer le pesant fardeau de cette chaîne dorée. Obéissant plutôt aux inspirations de son génie qu'aux volontés du ministre-poète, il blessa le cardinal en voulant modifier une de ses conceptions, et il en fut blessé lui-même par des paroles un peu dures. Il n'avait pas, selon l'expression de Richelieu, « *l'esprit de suite.* »

Corneille en profita pour demander immédiatement un congé et ne plus reparaître. Il fit volontiers le sacrifice de sa pension et de la protection du puissant ministre, pour se consacrer désormais tout entier à l'étude de son art.

En 1636, à l'âge de trente ans, il s'empara d'un sujet pathétique qu'il trouva dans un drame de Guilhen de Castro et produisit d'un jet cet incomparable chef-d'œuvre qui s'appelle le Cid.

« Ce fut un grand jour dans l'histoire de notre littérature, — dit M. Nisard, — vrai jour de fête pour les contemporains, que celui qui vit paraître, après des commencements si obscurs et des progrès si lents, après les prédécesseurs de Corneille, après Corneille lui-même s'essayant dans huit pièces supérieures seulement à ce qui s'était fait avant lui, cette merveille du Cid, comme on l'appela tout d'abord, qui mit Corneille bien plus au-dessus de ses propres ouvrages, que ces ouvrages ne l'avaient mis au-dessus de ses devanciers. »

Le succès fut éclatant. D'abord dans Paris, puis bientôt à la cour, et enfin dans toute la France, l'enthousiasme déborda. Les mémoires du temps en parlent comme d'une chose inouïe. « Beau comme le Cid » fut longtemps un proverbe dans les provinces. Il fut traduit dans presque toutes les langues de l'Europe et même en Espagnol.

Un triomphe si prodigieux ne pouvait manquer de soulever les clameurs de la médiocrité et de l'envie. Une nuée de rimeurs et de scribes oubliés, les Scudéry, les Claveret, les Mairet, se déchaînèrent avec une violence extravagante.

Scudéry porta le premier coup en publiant

ses *Observations sur le Cid*, observations qu'il appelait modestement l'*Évangile de la Vérité*, et qui n'étaient qu'une critique amère, insolente et ridicule du chef-d'œuvre de Corneille. L'écrit était anonyme, mais Corneille ne s'y trompa point et devina Scudéry. Il répondit sur un ton de hautaine supériorité qui ne pouvait qu'irriter davantage ses envieux. Dans une épître instituée : *Excuse à Ariste*, il les immola sans pitié à sa fierté outragée :

Je sais ce que je vaux et crois ce qu'on m'en dit:

. . . .

Je satisfais ensemble et peuple et courtisans,
Et mes vers en tous lieux sont mes seuls partisans.
Par leur seule beauté ma plume est estimée,
Je ne dois qu'à moi seul toute ma renommée,
Et pense toutefois n'avoir point de rival
A qui je fasse tort en le traitant d'égal.

La lutte une fois engagée se poursuivit avec un acharnement d'autant plus violent que Richelieu, dont nous connaissons le sujet de mécontentement et d'irritation contre l'auteur se déclara ouvertement du côté des ennemis de Corneille. Il est bien probable d'ailleurs que ceux-ci n'eussent point été si braves et auraient regardé à deux fois avant de s'attaquer au grand poète, s'ils ne s'étaient sentis abrités derrière la robe rouge du cardinal-ministre.

Une « *Défense du Cid*, » qui fut attribuée à Corneille, acheva de les exaspérer. Alors, on vit se succéder rapidement les libelles et les pamphlets contre la nouvelle tragédie.

Mais le Cid avait aussi ses partisans : un grand nombre d'écrits anonymes parurent en réponse aux pamphlets. De son côté, Corneille se défendait avec vigueur et répondait à ses détracteurs par une « Lettre apologétique. » Balzac entrant dans l'arène adressait à Scudéry, son ami, une lettre qui, tout en louant l'*Observateur*, rendait pleine justice à Corneille. Enfin, la mêlée devenait de jour en jour plus ardente, la querelle s'envenimait et troublait toutes les têtes. Le Cardinal crut découvrir un moyen de la terminer. Il s'adressa à l'Académie qu'il avait fondée l'année précédente et l'invita à se prononcer entre Scudéry et Corneille et à faire paraître une critique du Cid.

Les invitations du Cardinal ressemblaient étrangement à des ordres. Bon gré, mal gré, l'Académie dut obéir. Ce ne fut pas sans de vifs tiraillements et de longues négociations que l'accord pût s'établir à peu près entre le ministre qui voulait proscrire la pièce et l'Académie qui craignait, à juste titre, de révolter l'opinion publique. Plusieurs fois refondu pour donner satisfaction aux exigences du Cardinal mécontent, ce travail parut enfin, après cinq mois de débats, sous le titre de « *Sentiments de l'Académie française sur la tragi-comédie du Cid.* »

Chapelain en fut le rédacteur. Sans mériter absolument les éloges que lui donnent Pélisson et La Bruyère, son travail fut assez généralement approuvé. Il faut lui savoir gré d'un certain esprit de justice et d'impartialité;

et, malgré des étroitesses de vues, des peti-
tesses de rhéteur, il convient d'y reconnaître
des remarques judicieuses et des considérations
élevées. Certes, nous pouvons nous étonner à
bon droit de voir l'Académie condamner le
sujet du Cid comme immoral et Chimène
comme une fille dénaturée. Nous savons comment l'opinion publique, devançant le jugement de la postérité, accepta cet arrêt :

En vain contre le Cid un ministre se ligue,
Tout Paris pour Chimène a les yeux de Rodrigue.
L'Académie en corps a beau le censurer,
Le public révolté s'obstine à l'admirer.

Chapelain, d'ailleurs, n'hésite pas toujours
à rendre justice aux grandes qualités de Corneille; souvent même, il a la courageuse franchise
de se prononcer contre Scudéry. Les conclu-
sions de son travail sont modérées et même fa-
vorables. Pour permettre au lecteur d'en juger, nous en extrayons les deux passages suivants :

« Il (Corneille) n'a pas laissé de faire écla-

3

ter, en beaucoup d'endroits, de si beaux sentiments et de si belles paroles qu'il a en quelque sorte imité le ciel qui, en la dispensation
de ses trésors et de ses grâces, donne indiffé-
remment la beauté du corps aux méchantes
âmes et aux bonnes. »

Et encore :

« Néanmoins, la naïveté et la véhémence
de ses passions, la force et la délicatesse de
plusieurs de ses pensées, et cet agrément
inexplicable qui se mêle à tous ses défauts, lui
ont acquis un rang considérable entre les
poètes français de ce genre. »

On le voit : sans vouloir jamais oublier que
Corneille a des défauts, la force de la vérité
arrache à Chapelain des éloges qui devaient
plaire médiocrement au Cardinal. Richelieu
espérait sans doute un triomphe plus flatteur
pour son amour-propre, lui qui, après avoir
asservi la religion à la politique, ne supposait
pas que l'art pût échapper à sa toute-puissante
juridiction

Pour faire mieux ressortir la modération de
l'honnête Chapelain, mettons en parallèle une
de ces misérables diatribes, telles que l'envie
sut en lancer contre Corneille par la plume des
Scudéry, des Claveret, des d'Aubignac, et de
vingt autres méchants auteurs qui, ne pouvant
étouffer la gloire du poète, le dénigraient sans
relâche. Voici comment l'abbé d'Aubignac, ce
pédantesque insulteur de Corneille, l'apostro-
phe dans sa *Quatrième Dissertation* dédiée à
Mᵐᵉ la Duchesse de Retz :

« Vous êtes poète, et poète de théâtre ;
vous êtes abandonné à une vile dépendance
des histrions ; votre commerce ordinaire n'est
qu'avec leurs portiers ; vos amis ne sont que
des libraires du palais. Il faudrait avoir perdu le
sens aussi bien que vous pour être en mauvaise
humeur du gain que vous pouvez tirer de vos
veilles et de vos empressements auprès des
histrions et des libraires. Il vous arrive souvent lorsqu'on vous loue que vous n'êtes plus
affamé de gloire, mais d'argent. Défaites-vous,

Monsieur de Corneille, de vos mauvaises façons de parler qui sont encore plus mauvaises que vos vers. J'avais cru, comme plusieurs, que vous étiez le poète de la *critique de l'Ecole des Femmes*, et que Licidas était un nom déguisé comme celui de Monsieur de Corneille ; car vous êtes sans doute le Marquis de Mascarille qui piaille toujours, qui ricane toujours, qui parle toujours et ne dit jamais rien qui vaille. »

A cette « façon de parler » on sent le rouge de l'indignation monter à la figure. Passons...

Pour résumer cette question de la critique du Cid par l'Académie, nous ne croyons pas pouvoir mieux faire que de citer le jugement qu'en porte M. Paul-Albert dans son histoire de la littérature au xviie siècle, et qui ne manque pas d'*humour :*

« L'article 1er des statuts de l'Académie portait : « Personne ne sera reçu à l'Académie qui ne soit agréable à Monseigneur le Protecteur. » Le protecteur n'était pas tyran à demi,

Non-seulement il ajournait ou excluait qui bon lui semblait, mais il donna l'ordre à l'Académie de censurer le Cid. Elle voulut esquiver, elle se débattit, chercha des faux-fuyants, mais le moyen de résister à un homme qui lui faisait dire par l'inévitable Bois-Robert : « Faites savoir à ces messieurs que je les aimerai comme ils m'aimeront ! » Il fallut s'exécuter. Les *Sentiments de l'Académie sur le Cid*, rédigés par Chapelain et dont La Bruyère a fait l'éloge, nous semblent une œuvre bien chétive, bien étroite surtout. On était fort embarrassé : Il né fallait pas mécontenter Richelieu d'abord ; ensuite il eût été téméraire de casser le jugement rendu par le public. L'Académie ne satisfit personne, ni Richelieu, ni l'opinion, ni Scudéry, ni Corneille, ni elle-même sans doute. »

Tout impuissants que fussent les détracteurs de Corneille, son cœur n'éprouvait pas moins des froissements douloureux de ces attaques. En outre, des chagrins de famille, la mort de son frère, et même l'embarras de ses affaires, l'éloignèrent du théàtre jusqu'en 1640, où son génie reparut plus vigoureux que jamais dans la tragédie d'Horace.

Ce ne fut pourtant pas sans opposition. Il avait lu cette tragédie dans divers salons, en présence même de ses rivaux ; on lui avait proposé toute sorte de remaniements, mais il avait accueilli avec mauvaise humeur toutes ces observations, surtout celles de Chapelain. Puis, menacé après la représentation, d'un procès littéraire pareil à celui du Cid, il répondit fièrement par un de ces mots superbes dont il avait le secret, un mot *cornélien :* « Les juges condamnèrent Horace, mais il fut absous par le peuple. »

Cinna, qui parut quelques mois après, est regardé par Boileau comme une glorieuse réponse à d'injustes attaques :

Au Cid persécuté Cinna dut sa naissance.

Quand parut Polyeucte (1643),, Corneille était entré en relation avec l'hôtel de Ram-

bouillet. « C'était pour le poète, suivant la
remarque de M. Marty-Laveaux, un puissant
secours contre la jalousie de ses ennemis littéraires, mais non le moyen de nourrir et développer cette admirable simplicité qui, dans les
moments de haute et grande inspiration, dis-
tinguait son génie. » Il lut donc son Polyeucte
dans le fameux *salon bleu* de la précieuse Julie, mais l'hôtel de Rambouillet, qui avait sou-
tenu le Cid contre le jugement de l'Académie,
condamna Polyeucte, et l'on fit savoir à Corneille, par la bouche de Voiture, que : « son
Christianisme surtout avait déplu. »

Nous n'avons pas à faire ici l'examen des
œuvres de Corneille. Son nom désormais
saura en imposer à l'envie, et sa popularité ne
fera que grandir, même et surtout quand l'âge
et le goût du temps auront affaibli la vigueur
de son génie. Mais tel est trop souvent le sort
des grands hommes ! Comme il fut attaqué
sans ménagement au milieu· de ses plus légi-
times succès, ainsi Corneille, devenu vieux,

se vit exalté outre mesure par les poètes et les
beaux esprits offusqués des succès de Racine.

On vit alors d'ailleurs un autre auteur ré-
gner sans partage sur le théâtre. C'était Quinault, le tendre Quinault, dont les tragédies,
empruntées aux romans de Mlle de Scudéry et
de la Calprenède, renchérissaient encore sur
ces ouvrages par le ridicule. Si, de tout temps,
le théâtre est l'image de la société, nulle part
le goût de l'époque et la prodigieuse influence
des romans à la mode ne furent plus sensibles
que dans les tragédies de Quinault.

On se fait généralement, sur le xvII[e] siècle,
plus d'idées fausses qu'on ne croit. L'illusion
est si facile! Dès qu'on nomme le siècle de
Louis XIV, les noms de Bossuet, de La Fontaine viennent immédiatement à l'esprit ; il est
si naturel de penser à Molière, à Racine, à
Boileau ! On croit de très-bonne foi, qu'eux
seuls et leur école résument tout l'esprit littéraire de leur époque. On ne prend même pas

un seul instant la peine d'examiner s'ils n'ont fait que suivre, avec plus de génie que les autres, les traditions littéraires alors en vogue, ou si, au contraire, conformément au courant philosophique du temps, ils ont rompu avec les idées à la mode pour établir, sur des bases nouvelles, leurs principes d'esthétique.

Par suite de cette illusion, nous sommes portés à considérer le siècle de Louis XIV, dans son ensemble, comme essentiellement classique, en oubliant que les créateurs de ce genre ne formaient alors qu'une brillante, mais bien petite exception, et que leur gloire est précisément d'avoir fait école à part et d'avoir résisté au courant qui entraînait les meilleurs esprits, même Corneille, à une fade affectation de langage et une ridicule subtilité de pensées. Or, contrairement à ces idées, si facilement acceptées comme des leçons apprises, nous dirons volontiers avec M. Brunetière : « Le commencement et la fin du xvıı° siècle se joignent... L'Hôtel Ram-

bouillet renaît, pour ainsi dire, dans l'hôtel de
Bouillon... Bien loin que, comme on l'enseigne, la société du *Grand Cyrus* et de la *Clé-
lie* ait achevé de succomber sous les coups de
Boileau, l'auteur des satires n'a pas eu sitôt
abandonné le champ que la voilà qui se relève
tout entière et ressaisit son empire momenta-
nément perdu. »

Donc, — et nous ne devons pas craindre
d'insister sur ce point, — l'esprit général de
la société du xviiᵉ siècle, celui qui domine
dans les salons littéraires et, par droit de naissance plus encore que par droit de conquête,
tient en main l'arme puissante de la critique,
c'est l'esprit de *préciosité*, l'esprit de l'hôtel de
Rambouillet avec tous ses défauts et généralement sans ses qualités.

« Voltaire, — dit encore M. Brunetière, —
n'a jamais parlé de l'hôtel de Rambouillet que
pour en médire, et il avait tort, parce qu'il faut
rendre autant que possible justice à tout le
monde, et que l'on doit beaucoup à l'hôtel de

Rambouillet : mais il a eu certes raison d'attaquer cette *préciosité* renaissante dont il s'est
glissé trop de traces dans la Comédie de Mari-
vaux, et, — l'oserai-je dire? — jusque dans
l'Esprit des Lois. C'est un de ses titres de
gloire et sur lequel peut-être on n'a pas assez
insisté. »

Quoi qu'il en soit, et sans vouloir nier le
côté parfois regrettable de l'influence exercée
par le premier et le plus célèbre des salons littéraires, le rôle qu'il joua dans la critique au
xvii⁰ siècle fut tellement considérable que nous
ne pouvons nous dispenser de lui accorder
une attention spéciale.

Dans les lettres, comme dans la politique
et les mœurs, les révolutions se caractérisent
habituellement par quelque groupe actif et in-
fluent qui s'érige en modèle, et qui est d'autant plus intéressant à étudier qu'il se forme
spontanément en dehors de tout pouvoir officiel. Telle fut cette célèbre société de l'hôtel
de Rambouillet dont on a trop oublié les ser-

vices et exagéré les travers, et qui a probablement inspiré à Richelieu l'idée de fonder l'Académie française, afin d'avoir sous la main une puissance officielle capable de rivaliser avec tout ce que la France comptait alors de plus brillants esprits. En quoi peut-être il s'est trompé, car l'hôtel de Rambouillet, bien antérieur à l'Académie, subsista en face d'elle sans qu'il y eût véritablement concurrence ; les éléments étaient les mêmes, si ce n'est que l'Académie s'ouvrit à quelques écrivains étrangers au cercle du Salon bleu.

C'est une chose remarquable que dans les révolutions qui s'accomplissent dans la République des Lettres, le premier rôle appartient généralement aux femmes, soit que, par délicatesse naturelle, elles s'assimilent avec une docilité plus exacte toutes les nouveautés, soit que même, manquant d'originalité, elles reflètent plus sincèrement les traits communs aux esprits de leur époque. En tout cas, ce ne fut pas sans doute l'œuvre d'une âme commune que de se faire le centre et de saisir la direction du mouvement littéraire d'un siècle, sans autre autorité que celle de la beauté, de la vertu et de l'esprit. Ce fut la gloire de Mme de Rambouillet.

Fille unique du marquis de Pisani, un des plus éminents diplomates de la fin du xvi° siècle, Catherine de Vivonne était née à Rome en 1588, pendant l'ambassade de son père. A douze ans, elle fut mariée à Charles d'Angennes, marquis de Rambouillet, et, parmi ses biens, lui apporta en dot l'hôtel Pisani, situé rue Saint-Thomas du Louvre. La jeune marquise avait pris en Italie le goût des belles choses. Ne trouvant pas cet hôtel assez beau, elle le fit mettre à bas et éleva entre l'hôtel de Chevreuse et les Quinze-Vingts, le nouvel hôtel de Rambouillet, aujourd'hui disparu. « Madame de Rambouillet, — dit Tallemant des Réaux, — est une personne habile en toutes choses. Elle fut elle-même l'architecte de son hôtel. C'est d'elle qu'on a appris à mettre

les escaliers à côté pour avoir une grande
suite de chambres, à exhausser les planchers
et à faire des portes et fenêtres hautes et larges, et vis-à-vis les unes des autres ; c'est la
première qui s'est avisée de faire peindre une
chambre d'autre couleur que de rouge et de
tanné, et c'est ce qui a donné à sa grande
chambre le nom de la *Chambre bleue.* »

Vers l'âge de vingt ans, elle éprouva tant
de fatigue et d'ennui aux bruyantes assemblées
du Louvre qu'elle prit la résolution de n'y plus
aller et commença à recevoir chez elle une
société choisie. Ce fut l'origine de ces fameu-
ses réunions qui, pendant trente années, jetè-
rent le plus grand éclat, jusqu'à ce que sur-
vinrent le mariage de Julie en 1645, la Fronde
en 1648, la mort de M. de Rambouillet en
1652, et enfin les infirmités et la vieillesse de
la marquise.

De son mariage, la marquise avait eu sept
enfants : deux garçons et cinq filles. Les garçons, l'un mourut de la peste à l'âge de sept

ans, l'autre, l'aîné, périt glorieusement à la guerre à la suite du duc d'Enghien. Sur les cinq filles, trois furent religieuses, les deux autres étaient la fameuse Julie d'Angennes, depuis duchesse de Montausier, et Angélique d'Angennes, qui fut la première femme du comte de Grignan, le futur gendre de Mme de Sévigné. Toutes deux étaient très-aimables, très-spirituelles et les dignes héritières de Mme de Rambouillet.

Avec le charme de ces trois personnes, on comprend aisément comment, ainsi que le dit Tallemant, l'hôtel de Rambouillet fut « le théâtre de tous les divertissements, le rendez-vous de tout ce qu'il y avait de plus galant à la cour et de plus poli parmi les beaux esprits. »

Tous les soirs il y avait assemblée et l'on se séparait assez tard. Les fondateurs de ces réunions, tels que Balzac, Malherbe et Voiture, ne cessèrent d'y venir jusqu'à leur mort. Il serait trop long d'énumérer tous les versificateurs, les épistoliers, les grammairiens, les polygraphes, qui se succédèrent dans l'attrayant *Salon bleu*. Parmi les plus fidèles, signalons Montausier, le type de l'honnête homme, qui fut pendant treize ans le « mourant » de la belle Julie et qui finit par être son mari ; Godeau, évêque de Grasse, que sa petite taille faisait appeler le « nain de Julie » ; Conrart, le premier secrétaire de l'Académie ; Mainard, Segrais, Brébeuf, Ménage, et le fameux Chapelain, homme de mérite et d'érudition, mais qui eut le malheur de se croire né pour doter la France de la poésie épique et en a été cruellement puni. On ne peut oublier La Calprenède, Scudéry, Desmarets, et encore moins, parmi les femmes, la marquise de Sablé, Madeleine de Scudéry, Mme Paulet, etc. D'autres vassaux étaient moins fidèles à l'empire d'Arthénice, tels que Scarron, « l'empereur du Burlesque », l'ingénieux Benserade, le spirituel Saint-Évremond, précurseur du xviiie siècle au milieu du xviie », plus disposé à railler

qu'à admirer les *Précieuses*, plus sympathique
à Ninon qu'à Julie.

Grâce à cette réunion d'élite, le goût des
lettres et de la politesse se répandit dans les
classes supérieures et moyennes de la société.
On y entreprit de ramener les idées chevale-
resques et le règne de la belle conversation.
« Les anciens, dit M. H. Martin, — avaient
créé la conversation entre les deux sexes, la
la vraie et complète conversation est née en
France, et ce n'est pas un de nos moindres
titres. » On imposa à la galanterie les maniè-
res et le langage d'une rigoureuse décence.
« Ce sont les Jansénistes de l'amour », — disait des *Précieuses* l'épicurienne Ninon qui,
de son côté, tenait au Marais une cour d'amour
d'une autre sorte, où l'on dissertait moins sans
doute sur l'analyse du *Parfait Amant* et la
géographie de l'empire de *Tendre*. Mais on
travailla surtout à épurer la langue, à la débar-
rasser de sa vieille crudité, à l'enrichir de
tournures élégantes et d'ingénieuses alliances

de mots. Mais là aussi était l'écueil. La haine
du mot cru amena facilement la haine du mot
simple. Entraîné d'ailleurs par l'immense influence des lettres italiennes et espagnoles, on
arriva insensiblement au raffinement et au
faux goût.

Il faut bien se garder toutefois de confondre
dans le même ridicule l'hôtel de Rambouillet
avec les salons qui voulurent l'imiter, et surtout avec les *ruelles et alcôves* dont d'Aubignac
disait : « Il n'est pas défendu aux belles de
garder le lit, pourvu que ce soit pour tenir
ruelle plus à son aise, diversifier son jeu ou
d'autres intérêts que l'expérience seule peut
apprendre. » Le nom de *Précieuse* fut d'abord
un titre d'honneur et comme un diplôme de
bel esprit et de pureté morale. Mme de Sévigné
s'en glorifiait. Molière même se défendait de
toute allusion injurieuse envers des personnes
dont il respectait le caractère et l'esprit, et
n'entendait pas jouer les véritables *Précieuses*,
mais les *Ridicules*. Toutefois, s'il est permis

de croire que Molière n'ait pas voulu viser l'hôtel Rambouillet, il est plus difficile d'admettre, avec Victor Cousin, qu'il n'avait pas songé davantage à Mlle de Scudéry. Nous nous rangeons volontiers à ce sentiment de M. Brunetière. Le nom de Cathos a tout l'air d'avoir quelque signification, mais celui de Madelon en a certainement une, et elle est directe, et Madeleine de Scudéry s'y fût difficilement méprise.

Dans le but d'érudition populaire que nous poursuivons dans cet ouvrage, nous avons cru utile de donner une place assez large à l'étude de ces salons littéraires où la critique venait se former, se discuter, avant d'en franchir les murs pour se répandre dans le public. C'est là que Molière, Racine et Boileau verront leurs adversaires fourbir des armes contre la nouvelle école.

Mademoiselle, fille de Gaston d'Orléans, protégeait l'abbé Cotin, qu'elle appelait « son ancien » ; elle recevait Chapelain, Ménage,

Boyer, en un mot les plus célèbres victimes de Boileau et de Molière.

Il en était de même de M. de Montausier, dont le zèle emporté pour les auteurs qui avaient travaillé à former la fameuse *Guirlande de Julie* l'entraîna jusqu'à vouloir envoyer leurs adversaires « rimer dans la rivière. » Il faut citer encore les salons de Mme de Longueville, et de sa fille Mme de Nemours, à qui Loret dédia la *Muse historique ;* du duc de Nevers, versificateur facile, mais non moins bizarre, qui associa sa muse à celle de Desmarets de Saint-Sorlin et de l'abbé Testu, pour lancer ses pamphlets contre Boileau et Racine.

Il est regrettable de joindre à cette liste le nom de l'aimable et spirituelle duchesse de Bouillon, celle qui avait si bien deviné le génie de La Fontaine et dont l'influence décida peut-être l'avenir de « son fablier. » Mais, dans le milieu où elle vivait, pouvait-elle échapper aux préventions contre la nouvelle

école poétique? Elle aussi recevait Boyer,
Benserade, parfois le vieux Corneille, pour
n'en nommer que quelques-uns, et surtout le
fameux Pradon, si vertement et si justement
flagellé par Boileau.

Ce fut Mme Deshoulières qui introduisit Pradon à l'hôtel de Bouillon. Elle aussi brillait
parmi les faux esprits du temps. Elle avait
beaucoup fréquenté autrefois l'hôtel de Rambouillet et admiré les Voiture et les Benserade. Suivant la mode de beaucoup de grandes
dames, elle avait étudié le latin, l'italien,
l'espagnol, et surtout dévoré les romans de La
Calprenède et de Mlle de Scudéry. Elle était en
relation avec les deux Corneille et tous les académiciens opposés à Racine et à Boileau. On
conçoit l'amitié qu'elle témoigna à l'insipide
Pradon qui, à peine arrivé de la province, devint un des ornements de son salon, où, selon
Boileau,

. . . . Les fades auteurs
S'en vont se consoler du mépris des lecteurs.

Trouvant en Pradon un admirateur et un disciple docile, elle en fit l'instrument de cette indigne intrigue, qui, malgré son succès éphémère, décida pourtant la retraite de Racine. Grâce à son appui et à celui de M. de Nevers et de M. de Bouillon, Pradon fut choisi pour soutenir contre l'auteur d'Andromaque et de Britannicus un duel dramatique.

Cet aperçu sur la plus brillante société du xvii⁰ siècle doit jeter un grand jour dans l'histoire de la critique qui s'est abattue si durement sur les chefs de la nouvelle école et en partie sur Racine.

§ II.

Il est permis de croire que Racine eût difficilement échappé au goût général qui caractérise cette époque, si, dès ses débuts, il n'eût contracté une étroite liaison avec un homme dont le rare bon sens, la courageuse franchise et le jugement sévère et droit devaient avoir sur lui une si puissante action. Nous avons nommé Boileau que Racine connut par l'entremise d'un de ses parents, et, dès leur première visite, ces deux hommes, si dignes l'un de l'autre, se jurèrent une amitié qui dura autant que leur vie.

Racine et Boileau, avec Molière et La Fontaine, sentirent le besoin de s'unir et de s'armer contre les écrivains à la mode. Ils prirent l'habitude de ces réunions qui ne durèrent que peu d'années, et qui exercèrent néanmoins une si salutaire influence sur eux-mêmes et sur leur époque.

Mais Boileau, qui défendit Racine contre lui-même, soit contre les exubérances d'un talent trop riche, soit contre le découragement et le doute de lui-même, sera toujours à ses côtés pour le défendre contre ses ennemis.

A vrai dire, personne n'eut plus d'ennemis que Racine, et il devait en être ainsi, si l'on songe, d'une part, que les triomphes de

théâtre, les plus difficiles à obtenir et par conséquent les plus flatteurs, sont aussi ceux qui
se pardonnent le moins ; et, d'autre part,
qu'en attaquant avec Boileau le goût pré-
cieux qui était dominant, il combattait l'influence de tant d'éçrivains en vogue, forts de
leur nombre, de leurs illustres amitiés, de
l'habitude même qui avait consacré leur empire.

M. Deltour a admirablement traité ce sujet
dans son livre intitulé « les Ennemis de Racine, » et M. Brunetière a consacré à la même
question un article fort intéressant dans ses
« Nouvelles Critiques. » Résumer leur œuvre,
c'est en amoindrir l'intérêt ; tel est, pourtant,
le sacrifice qui nous est imposé par les limites
de cet ouvrage.

Le premier et le plus auguste adversaire
que M. Deltour a le regret de signaler contre
Racine, c'est le grand Corneille, qui, dans
l'apparition d'un nouveau génie, vit une concurrence, un danger pour lui-même.

On sait que Racine avait soumis sa tragédie d'Andromaque au jugement de son illustre devancier, et que celui-ci avait reconnu
dans l'auteur « un grand talent pour la poésie,
mais non pour la tragédie. » En quoi Corneille était de bonne foi. Il trouvait sincèrement Racine trop simple !...

Le triomphe d'Andromaque donna un dé-
menti à ce jugement ; mais ce même triomphe,
coïncidant avec le mauvais accueil fait à la
tragédie d'Othon, et surtout à celle d'Agési-
las, eut le double effet d'exalter l'orgueil du
jeune poète et d'attrister le cœur de l'ancien.

Il semble, d'ailleurs, que tout ait conspiré
à aigrir leurs ressentiments. Une fantaisie au
moins inconsidérée de la duchesse d'Orléans
les fit entrer en lutte directe. Elle avait chargé
le Marquis de Dangeau de leur proposer à
tous deux, comme sujet de tragédie, les adieux
de Titus et de Bérénice, et chacun d'eux travailla à sa nouvelle pièce sans se douter qu'il

4

avait un rival. On connaît le merveilleux parti que Racine sut tirer de ce sujet peu tragique. Le public, après quelques représentations, avait déserté la pièce de Corneille, que jouait la troupe de Molière et se pressa longtemps à l'hôtel de Bourgogne pour entendre celle de Racine.

La tragédie de Bajazet continua entre les deux poètes ces regrettables hostilités. Corneille en fit à Segrais cette critique : « Il n'y a pas un seul personnage dans Bajazet qui ait les sentiments qu'il doit avoir et que l'on a à Constantinople : ils ont tous, sous un habit turc, les sentiments qu'on a au milieu de la France. » Cette critique ne manqua pas d'être répété et courut les cercles où Segrais se rencontrait avec les ennemis des nouveaux poètes.

Mais un autre mot de Corneille, dont l'importance s'accrut du milieu dans lequel il fut prononcé, dut surtout exaspérer Racine. Ce fut à l'occasion du Germanicus de Boursault,

le fameux auteur de la « Satire des Satires. »
Boursault, le protégé et l'ami de Corneille,
accusait la tragédie de Britannicus de n'être
que l'histoire romaine mise en vers ; il avait
écrit : « Les Grecs et les Romains sont tous
défigurés depuis que Corneille ne les fait plus
parler. » Or, ce fut au sujet de cette plate et
prétentieuse pièce de Germanicus qu'il échappa
à Corneille de dire, en pleine Académie : « Il
ne manque à cette pièce que le nom de M. Racine pour être achevée. » On sent tout ce que
ces paroles, inspirées par un sentiment d'amer
découragement, avaient de blessant pour
l'amour-propre susceptible de Racine.

Bientôt après, la tragédie de Pulchérie,
malgré les efforts des partisans de Corneille,
avait échoué au milieu des applaudissements
prodigués à Mithridate. Suréna, l'année suivante, ne tint pas davantage contre l'Iphigé-
nie.

Ce dernier échec mit un terme à la carrière
dramatique de Corneille et le décida à un si-

lence que son jeune rival allait bientôt imiter.
Boileau pourra dire :

Et la scène française est en proie à Pradon.

Cependant les inimitiés qui s'autorisaient
du nom de Corneille furent loin de se calmer
après la retraite du poëte. Racine eut toujours
pour adversaires tous ceux que des liens de
parenté, d'amitié ou d'intérêt, engageaient
dans la cause de Corneille ; tous ceux aussi
que leur éducation littéraire éloignait des nou-
veux poëtes et dont Corneille satisfaisait bien
plus l'esprit et le goût. La fameuse querelle des
Anciens et des Modernes, où Racine fut un
des principaux auxiliaires de Boileau, contribua encore à entretenir ces inimitiés.

Les critiques dirigées contre Racine n'étaient
point toutes renfermées dans le cercle des salons. Elles trouvaient un organe plus retentissant dans les gazettes de l'époque, et particulièrement dans la plus importante et la plus
célèbre de toutes : le *Mercure galant*.

C'est en janvier 1672 que le Mercure galant avait commencé à paraître. Le journal ne périt pas avec Visé, son directeur, qui mourut en 1710, et, sous le titre de *Mercure de France*, il traversa tout le xviii⁰ siècle.

Dans cette publication, dont un volume paraissait chaque mois, accompagné souvent d'un second sous le titre d'*Extraordinaire*, le rédacteur avait adopté la forme épistolaire. Il rend compte à une dame de province des nouvelles du mois et cherche à la divertir par des jugements sur les écrits et les auteurs.

Certes, si l'on entreprend de parcourir ces petits livres, on donne facilement raison à La Bruyère, et on ne trouve au succès de Mercure d'autre explication que la sienne : « C'est ignorer le goût du peuple que de ne pas hasarder quelquefois de grandes fadaises. » Rien de plus pauvre, de plus ennuyeux, de plus nul au point de vue littéraire que ce recueil dont le même La Bruyère dit, dans ses carac-

4*

tères, qu'il « est immédiatement au-dessous
de rien. »

Le Mercure a toujours été systématique-
ment ennemi de Racine et prôneur de ses plus
médiocres rivaux. Il insère avec beaucoup
d'empressement et d'éloges de nombreuses
pièces de vers et les insipides productions des
plus méchants poètes de Paris et de la province. Les auteurs dont le panégyrique revient le plus souvent sont Boyer, Quinault,
Cotin, Perrault, Mlle de Scudéry et surtout
Mme Desboulières, l'implacable adversaire de
Racine. A tout moment, il enrichit ses pages
des épîtres, des idylles, des rondeaux, des ballades de cette femme, et ne manque jamais
d'y joindre de galants commentaires. Il publie
et préconise toutes ses pièces.

Le Mercure galant avait pour directeur
Jean Donneau, sire de Visé. Ce Jean Donneau, auteur de pièces critiques et de comédies, s'était d'abord destiné aux Ordres. Il
portait encore l'habit ecclésiastique lorsque,

se décidant à chercher dans une autre carrière
la réputation et la fortune, il s'attaqua hardiment, pour ses débuts, à Corneille et à Molière. La première œuvre fut une critique
amère de la *Sophonisbe*. Ainsi cet homme qui
deviendra le panégyriste enthousiaste des derniers ouvrages de Corneille, commença par
être son contradicteur. Il ne faisait en cela
qu'imiter les autres critiques de son temps,
car, on l'a déjà remarqué, Corneille, à l'époque de ses plus beaux succès, souffrit de bien
des attaques passionnées et injustes, il subit
ensuite l'affront plus sensible de l'indifférence
et de l'oubli. On ne commença guère à déclarer ses tragédies incomparables, à vanter ses
dernières pièces et à s'indigner contre le goût
public qui les délaissait, que lorsqu'il s'agit
d'arrêter l'essor de Racine et de protester
contre la renommée du nouveau poète.

Mais en même temps qu'il attaquait Sophonisbe, Visé parodiait l'*Ecole des Femmes* et la
Critique de l'Ecole des Femmes. Les auteurs

et les cercles ridiculisés par Molière eurent
pour Visé toute sorte d'éloges et d'encouragements. Ce fut sans doute par leur entremise
qu'il se réconcilia avec Corneille. Celui-ci, il
faut bien l'avouer, avait la faiblesse d'être jaloux des succès de Molière. Les attaques de
Visé contre le grand poète comique furent
sans doute du goût de Corneille, et ce fut sur
ce terrain qu'eut lieu la réconciliation.

Visé fit immédiatement volte-face ; il devint
l'ardent défenseur de cette Sophonisbe qu'il
avait si amèrement censurée.

En 1667, il y eut un rapprochement entre
Corneille et Molière. Celui-ci, depuis *Alexandre*, était brouillé avec Racine. Visé n'hésita
pas. Lui qui avait si peu ménagé Molière, em-
brassa son parti et suivit l'exemple de Corneille « comme un vassal suit l'exemple de son
seigneur. » Tel est l'homme qui mit au service de la haine des ennemis de Racine sa
critique et son journal.

Au reste, Visé ne songe guère à être impar-

tial. Il ne l'est pas en vantant Boyer et Cotin,
Mme Deshoulières et Fontenelle, il ne l'est pas
en célébrant les dernières œuvres de Corneille,
dont il dit : « C'est le seul dont on peut louer
les ouvrages sans les avoir vus, et de qui, malgré le grand âge, on doit toujours attendre
des pièces achevées. » Il serait intéressant de
faire l'examen détaillé des critiques adressées
par Visé à chacune des pièces de Racine. Nous
renvoyons le lecteur à l'ouvrage de M. Deltour.

De Visé à Robinet, il n'y a que la main. De
bonne heure ils se la sont donnée.

Pendant de longues années, Robinet travailla à la *Gazette*, recueil désigné précédem-
ment sous le nom de *Muse historique*, et dont
le principal rédacteur était Loret. C'est là que
chaque semaine il adressait ses lettres en vers
à Mlle de Longueville, la future duchesse de
Nemours. Il faisait en même temps la plupart
des *Extraordinaires*, jusqu'à ce que les succès
de Mercure déterminèrent Robinet à lui con-

sacrer exclusivement son prolixe talent de versificateur et de critique.

Ses opinions littéraires, ses préférences et
ses haines en faisaient d'ailleurs le collaborateur naturel de Visé. Comme lui, il se montre
admirateur passionné des dernières œuvres
de Corneille. Il vante :

> Son charmant Agésilaüs
> Où sa veine coule d'un flux
> Qui fait admirer à son âge
> Ce grand et rare personnage.

Il célèbre Attila :

> Cette dernière des merveilles
> De l'aîné des fameux Corneilles.

Il n'est pas moins favorable à Thomas Corneille qu'à son frère. Comme Visé, il a aussi
une tendresse, un culte particulier pour Boyer,
Benserade, Quinault, Boursault, Subligny, en
un mot tout le parti de l'ancienne littérature.
C'est à Racine que ce juge si débonnaire ré-
serve toutes ses rigueurs.

Il n'a garde d'entrer dans un examen sérieux des pièces qu'il annonce : il se borne à
une grossière analyse qui a quelquefois l'air
d'une parodie, et toujours avec un style à la
hauteur de sa critique. A ses yeux, parmi tant
de chefs-d'œuvre donnés par les deux Corneille, par Boyer et par Quinault, il n'y a de
médiocres que l'Andromaque, le Britannicus
et Bajazet.

Au-dessus de Visé et de Robinet, vient se
placer un nom qui occupe une place considérable dans l'histoire de la Critique, celui de
Fontenelle. Neveu des deux Corneille, le cen-
tenaire Fontenelle, contemporain du xviiᵉ et
du xviiiᵉ siècle, exerça sur l'un et sur l'autre
une grande influence.

Nous citons intégralement le jugement qu'en
porte M. Deltour :

« Poète, critique, philosophe, savant, mais
avant tout et partout bel esprit, Fontenelle
n'a échappé dans aucun de ses ouvrages à la
coquetterie et à la prétention, qui semblent

le rattacher à ses amis, les auteurs de l'âge
de Mazarin. Il n'était pas né pour la poésie,
bien que, sur les conseils et le désir de ses
oncles, il ait écrit beaucoup de vers et composé
des élégies, des épîtres, des idylles, et même,
hélas ! des tragédies. Son esprit calme, net,
fin, pénétrant, le préparait mieux à d'autres
études. Sa gloire la plus légitime et la plus
durable est d'avoir porté dans l'exposition des
sujets scientifiques et dans l'éloge des savants
la clarté, l'élégance et toutes les qualités de
l'esprit littéraire. Sceptique en philosophie et
en critique, où il fut un des principaux cham-
pions du parti des modernes, et un des pro-
moteurs des nouvelles théories littéraires, il
inaugura le xviii° siècle dès la seconde moitié
du xvii°, et fut, avec beaucoup de prudence,
et en prenant toutes ses précautions contre
les rigueurs de l'autorité religieuse ou sécu-
lière, un des précurseurs de Voltaire, qu'il
connut plus tard sans l'aimer. Tel est l'homme
qui allait prendre en main, plus par esprit de

famille et par des ressentiments personnels que par enthousiasme pour un génie si différent du sien, la cause du grand Corneille, et exercer contre Racine une haine qui fut la seule passion de cette âme mesurée et froide. »

Naturellement Fontenelle appartenait à la rédaction du Mercure galant. Dès l'âge de dix-neuf ans, il fut appelé de Rouen à Paris par ses oncles, et devint aussitôt collaborateur de ce journal (1677). — Pour apprécier le goût du nouveau critique, voici, choisi entre cent autres articles du même genre, le jugement qu'il porte sur la Tragédie : « Les montagnes de la tragédie sont aussi dans la province de la haute poésie. Ce sont des montagnes escarpées, et où il y a des précipices très-dangereux. Aussi la plupart des gens bâtissent dans les vallées et s'en trouvent bien. On découvre encore sur ces montagnes de fort belles ruines de quelques villes anciennes, et de temps en temps on en apporte les matériaux dans les vallons, pour en faire des villes toutes nouvelles ; car on ne bâtit presque plus si haut. »

Cette allégorie si neuve et digne de la *Carte de Tendre* des dangereux précipices de la tragédie ne l'empêcha point d'y faire une chute bien lourde. L'accueil fait à sa tragédie *d'Aspar* en 1680 força l'auteur à brûler sa pièce. Peut-être même eût-il réussi à faire oublier ce triste début, sans la mordante épigramme de Racine sur l'origine des sifflets :

> Boyer apprit au parterre à bailler ;
> Quant à Pradon, si j'ai bonne mémoire,
> Pommes sur lui volèrent largement.
> Mais quand sifflets prirent commencement,
> C'est (j'y jouais, j'en suis témoin fidèle),
> C'est à *l'Aspar* du sieur de Fontenelle.

Ces traits malins vouèrent au ridicule l'œuvre du jeune poète, qui ne pardonna jamais à Racine. Son animosité éclate dans tous ses ouvrages ; elle ne s'arrête pas aux œuvres, elle s'attaque à la personne et dénigre le caractère du poète comme son talent. Nous ne pouvons exposer toutes les critiques d'ensem-

ble ou de détail qu'il dirige contre le théâtre de
Racine, signalons du moins son affectation de
rappeler partout que Racine n'est venu
qu'après Corneille, ce qui lui fera dire dans
son *Parallèle entre Corneille et Racine*. « Il
peut être incertain que Racine eût été, si Corneille n'eût pas été avant lui ; il est certain
que Corneille a été par lui-même. »

Parmi les autres critiques dirigées contre
Racine, et malgré l'importance qu'elles eurent
de leur temps, nous ne pouvons guère que
nommer en passant celles de l'avocat Subligny.
La *Folle Querelle*, pièce critique qu'il composa
contre la tragédie d'Andromaque, fut jouée
avec un certain succès sur le théâtre de Molière. D'ailleurs, si Subligny prétend contester
le mérite de la tragédie, il en constate au
moins le retentissant succès : « Cuisinier,
cocher, palefrenier, laquais, et jusqu'à la por-
teuse d'eau, en veulent discourir. Bientôt, —
dit un personnage de la comédie, — la con-
tagion gagnera le chien et le chat du logis. »

Une maîtresse demande-t-elle sa femme de chambre, celle-ci, — répond un laquais, — « est occupée à faire l'Hermionne contre le cocher dont elle est coiffée. »

Une mention bien autrement honorable est due à St-Evremond, qui fut toujours, lui aussi, champion de Corneille, et, avec moins d'aigreur, adversaire de Racine. Un trait particulier de la physionomie littéraire de ce seigneur bel esprit est de représenter au xviie siècle le critique de profession, tel qu'on le trouve établi au siècle suivant. Dans ses dissertations, généralement courtes, il ouvre des aperçus souvent justes, toujours ingénieux. Ce n'est pas sans raison que ses écrits reprennent aujourd'hui faveur. Sa pensée, souvent originale et profonde, est encore rehaussée par le ton vif et piquant de l'homme d'esprit et du brillant causeur. On peut certes lui reprocher de fréquentes erreurs dans ses appréciations. Sa critique se ressent souvent de ses préjugés d'éducation, ou peut-être même de son goût du paradoxe. C'est ainsi, par exemple, que sa sympathie pour le temps de la Fronde lui fait voir un chef-d'œuvre dans la *Sophonisbe* de Mairet, ou dans *l'Attila* de Corneille. Mais son admiration bien légitime pour le génie de Corneille le rend exclusif, et par suite quelquefois injuste envers Racine.

De bonne heure, dans sa célèbre *Dissertation sur Alexandre*, il manifeste ses sentiments hostiles au nouveau poète, et porte, dans la suite, des jugements plus ou moins étendus, mais toujours sévères sur ses autres tragédies. Tantôt il attaque le goût du temps « qui n'aime que la douleur et les larmes ; » tantôt il déplore « le trop grand usage de cette passion dont on enchante présentement tout le monde, » et il rend ironiquement les armes à la mode, « la seule règle des honnêtes gens. »

Il ne faut pas croire que ces critiques de Saint-Evremond, ni même celles des Visé, des Robinet, des Subligny et des autres, aient été sans profit pour le génie de Racine. Nous

leur sommes redevables de bon nombre d'observations fondées, que les siècles suivants ont
ratifiées et dont Racine s'est empressé de tenir
compte. Assurément la malveillance qui les
inspirait trop souvent a blessé le poète et contribué à sa retraite prématurée, mais elles
furent aussi pour beaucoup dans cette perfection croissante dont Athalie fut le dernier
terme ; et Boileau ne l'ignorait pas quand il
adressait à l'auteur de Phèdre ses beaux vers
sur *l'utilité de la Critique.*

§ III.

Les mêmes raisons, qui déchaînèrent tant
d'hostilités contre Racine, soulevèrent contre
Molière les mêmes critiques, plus violentes
même encore, s'il est possible, puisque notre
premier poète comique ne s'en prenait pas
seulement au faux goût des écrivains, mais
attaquait en outre, avec l'arme terrible du ridicule, les principaux travers de son siècle. Si

le duc de Montausier, qui avait quelques traits
extérieurs et la rude franchise d'Alceste, eut
le bon esprit de ne pas se reconnaître dans le
personnage du Misanthrope, et la modestie de
dire qu'il était fâché de ne pas ressembler à
ce modèle, il n'en était pas de même de tant
d'autres grands seigneurs ou beaux esprits
qui se reconnaissaient bien dans des rôles parfois fort transparents. Il n'y avait qu'une voix,
par exemple, pour dire que les deux pédants
des *Femmes savantes*, Vadius et Trissotin,
n'étaient autres que Ménage et l'abbé Cotin.
Aussi, non-seulement ses principales pièces
donnèrent lieu à des parodies et à des critiques de toutes sortes, mais la personne même
de Molière, son caractère, ses chagrins, ses
souffrances physiques, sa vie tout entière, en
un mot, fut en proie aux injures et aux calomnies. C'est avec délices, si la place nous le
permettait, que nous ferions sur Molière la
même étude critique que nous avons faite sur
Corneille et Racine. En exposant les luttes

qu'il eut à soutenir, nous y trouverions l'occasion de rendre hommage à ce génie qui in-
venta la comédie, comme La Fontaine a inventé la fable : tant il l'a renouvelée, élevée,
agrandie ! Nous constaterions avec enthousiasme que cette supériorité de Molière, si
violemment contestée de son vivant, n'a triom-
phé depuis qu'avec plus d'éclat : c'est celle
que les étrangers disputent le moins à la
France. Si les portes de l'Académie ne s'ou-
vrirent pas pour lui, cette injustice est depuis
longtemps réparée, et son buste y occupe une
place d'honneur avec cette heureuse inscrip-
tion :

Rien ne manque à sa gloire, il manquait à la nôtre !

Mais nous avons hâte d'en arriver à Boileau,
qui ne méconnut pas, lui, les qualités littéraires de Molière. Un jour Louis XIV lui
demandant quel était « le plus rare écrivain
de son règne, » Boileau répondit sans hésiter :
« Molière. »

Il semble qu'à lui seul le nom de Boileau pourrait résumer presque toute l'histoire de la critique dans la seconde moitié du xvıı⁰ siècle, soit qu'il s'agisse de la critique particulière qui juge les écrivains et leurs œuvres, soit qu'on étudie la critique générale dans les principes formulés par le législateur du Parnasse.

La première partie de cette tâche est déjà, pour ainsi dire, à peu près remplie par ce qui a été dit de Racine.

L'admirable et sincère amitié de ces deux hommes, l'heureuse communauté de vues et de principes qui les unissait d'esprit non moins que de cœur, leur supériorité qui en imposait quand même et pour qui tous les soulèvements de l'envie n'étaient qu'un hommage de plus, leur valurent à tous deux les mêmes inimitiés. Jamais peut-être Pradon n'a été plus vrai que dans les vers suivants que sa haine dirige contre eux :

Si Boileau de Racine embrasse l'intérêt,
A défendre Boileau Racine est toujours prêt ;
Ces rimeurs faufilés l'un l'autre se chatouillent,
Et de leur fade encens tour à tour se barbouillent.

Il est bon toutefois de reconnaître en
passant que si cette salutaire union ne fut jamais altérée, c'est surtout grâce à l'esprit de
mansuétude et de patience, qui animait Boileau beaucoup plus que Racine. Louis Racine
ne craint pas d'avouer ce défaut de son père,
dont la verve railleuse et l'irritable susceptibilité parurent en bien des circonstances de
sa vie. Il en cite différents traits et nous montre en même temps la puissante influence
qu'exerça sur ce point comme sur tous les
autres l'amitié de Boileau. Un jour entr'autres,
dans un débat littéraire, Racine, entraîné par
la chaleur de la discussion, poussa très-loin la
vivacité des répliques, et, dit Louis Racine,
« accabla de railleries son contradicteur. —
Avez-vous eu envie de me fâcher? lui dit Boileau à la fin de la dispute. — Dieu m'en

garde ! répond son ami. — Eh bien ! reprit
Boileau, vous avez donc tort, car vous m'avez
fâché. » Une autre fois, ce fut en ces termes
qu'il ramena Racine à la modération : « Eh
bien ! oui, j'ai tort, mais j'aime mieux
avoir tort que d'avoir orgueilleusement raison. »

Nous rapportons ces détails intimes pour
mieux faire connaître l'humeur du satirique,
et pour nous dispenser d'entrer dans l'examen des critiques qui furent dirigées contre
sa personne et ses ouvrages. Nous y retrouve-
rions les mêmes personnages qui furent en
guerre ouverte avec Racine. Qu'il nous suffise
donc de dire un mot de son entrée à l'Académie, et aussi de la part qu'il prit dans la fameuse querelle des Anciens et des Modernes.

« Le salon de madame de Pélissari, femme
d'un riche financier de l'époque, — dit encore
M. Deltour, — servait aussi aux ligues contre les auteurs à la mode. On y voyait Gille,

Boileau, frère et ennemi du satirique, Fure-
tière, Quinault, Benserade, Perrault, Char-
pentier, Tallemant, c'est-à-dire tous les auteurs que nous avons déjà trouvés chez madame Deshoulières et chez madame de Bouillon, tous les coryphées de l'Académie française. »

C'est de là que partit l'opposition la plus
ardente contre la réception de Boileau. Il
n'est pas étonnant du reste que son élection
ait été, plus que celle de tout autre, disputée
et tardive. Si quelque chose peut surprendre,
c'est qu'il ait forcé les portes de cette enceinte,
où il allait avoir pour confrères la plus grande
partie de ses victimes. Aussi, n'a-t-il pas
manqué dans son discours de réception de
faire spirituellement allusion aux motifs qui
rendaient cet honneur bien inespéré pour lui.
Mais on savait que tel était le vœu, plusieurs
fois exprimé, de Louis XIV. Pour échapper
à Boileau, les académiciens nommèrent La
Fontaine ; mais le roi ne voulait consentir à

l'élection du bonhomme, à qui l'on reprochait
ses contes, qu'après l'élection de Boileau.
Cette concurrence ne refroidit pas l'amitié des
deux poètes. La Fontaine fut élu, et Boileau,
qui suivit alors le roi à l'armée, vit retarder
son admission jusqu'au 1er juillet 1685. Ce fut
un singulier jour dans les fastes académiques.
Ce jour-là, la plupart des poètes plus ou moins
maltraités par Boileau, les Boyer, les Le Clerc,
les Benserade, pour attester sans doute qu'ils
vivaient encore, malgré les blessures de la
satire, ou peut-être pour faire payer au satirique l'honneur un peu forcé qu'ils lui accor-
daient, firent succéder au discours du récipien-
daire et à la réponse du directeur, des vers de
leur façon. Il est vrai que La Fontaine fit
aussi une lecture : « C'était peut-être de sa
part, — dit M. Deltour, — une attention délicate pour Boileau : il mêlait ainsi un peu de
miel à l'absinthe que l'on avait servie à son
nouveau confrère. »

C'est vers cette époque que se raviva l'une

des plus célèbres querelles littéraires, celle des
Anciens et des Modernes, qui renfermait en
germe notre guerre des Classiques et des Romantiques. Déjà, dès 1635, un familier de
Richelieu, l'abbé de Bois-Robert, parlait
d'Homère avec une franchise toute nouvelle.
Peu après, un collaborateur du Cardinal, Desmarets de Saint-Sorlin, posa hardiment la
thèse de la supériorité des modernes sur les
anciens. Son principal argument reposait sur
la supériorité même du christianisme, à l'égard
des religions païennes, comme source d'inspiration. Malheureusement pour le triomphe
de sa cause, Desmarets avait la prétention de
fournir par ses ouvrages des applications de
ses théories, et n'y réussit guère. Le parti des
modernes eut bientôt pour chef un lutteur
plus redoutable. C'était Charles Perrault, qui
appartenait à l'Académie française depuis 1671.
On sait que le succès qu'obtint son discours
amena l'usage d'admettre le public aux séan-
ces de réception. Un des premiers, Boileau se

faisait le défenseur ardent des anciens, et avec lui, Racine, La Fontaine, Huet, Régnier-Desmarais. La conséquence fut que tous les ennemis de Boileau et de Racine se rangèrent à l'instant du parti de Perrault, dans le camp des modernes.

En dehors de l'Académie la querelle était soutenue avec ardeur par madame Deshou-lières, le duc de Nevers, les rédacteurs du Mercure. Pradon lui-même ne craint pas de déclarer, avec une noble indépendance, qu'il ne se pique pas d'admirer toujours les sottises héroïques de l'Enéïde.

Perrault fit plus : en 1681, il lut à l'Aca-démie française son poème du *siècle de Louis-le-Grand*. Avec une légèreté très-irrespec-tueuse, l'auteur attaquait les plus grands gé-nies de l'antiquité grecque et latine ; puis, leur opposant les modernes, il confondait dans un même éloge quelques auteurs justement admirés, Malherbes, Molière, Racan, et une foule d'écrivains secondaires :

Les Régniers, les Maynards, les Gombaulds, les Malher-
[bes,
Les Godeaux, les Racans . . . .
Les galants Sarrasins et les tendres Voitures,
Les Molières naïfs, les Rotrous, les Tristans,

Il payait un juste tribut d'admiration au
grand Corneille,

Du théâtre français l'honneur et la merveille,
Qui sut si bien mêler aux grands événements
L'héroïque beauté des nobles sentiments.

Mais il oubliait, non sans dessein, Boileau,
Racine, La Fontaine, qui pourtant auraient
pu lui fournir de bons arguments.

L'année suivante, il lut une épître sur le
Génie, dédiée à Fontenelle, c'est-à-dire à un
ennemi de Boileau et de Racine ; et quelques
mois après, paraissait le premier volume des
Parallèles des Anciens et des Modernes.

Le raisonnement de Perrault ne manquait
pas, d'ailleurs, d'une certaine apparence spé-
cieuse. Son grand argument était que le per-
fectionnement a plus de valeur que les inven-

tions. « Inventer est un grand mérite : mais, qui fait les inventions ? Un hasard de date et de priorité. Ce qu'ont inventé les anciens, nous l'aurions inventé nous-même si nous avions été les anciens. » Cette théorie ne pouvait satisfaire entièrement la droite raison de Boileau, et, ne se lassant point de tenir tête aux novateurs, il répondit aux *Parallèles* par ses *Réflexions sur Longin*.

« Ce que Boileau, et avec lui le XVIIᵉ siècle classique, dit M. Krantz, estimait dans les anciens, ce n'était pas leur antiquité, mais bien plutôt cette éternelle nouveauté qu'ils devaient à la nature et à la raison. Pour Boileau, la matière de la littérature est éternelle, comme pour Descartes celle de la philosophie ; on n'invente pas plus le beau que le vrai, puisque le beau n'est après tout, — et Boileau l'a dit, — qu'une forme du vrai. On n'en invente que l'expression qui est à l'art ce que la méthode est à la philosophie. »

A vrai dire, ce qui séparait Perrault de

Boileau, c'était plutôt l'appréciation des personnes et des œuvres, qu'un dissentiment
profond sur la conception d'un idéal littéraire.
Aussi finirent-ils par se réconcilier. Perrault
comprit que, opposer tel écrivain du temps à
tel autre de l'antiquité, ce n'était pas éclairer
la question, et que dans l'évaluation de la
différence des talents dans les mêmes genres,
il y aurait toujours autant de sentiments que
de têtes. Quelques années plus tard, la lutte
se trouva terminée, non par la victoire de
l'un des deux partis, mais par l'épuisement de
l'un et de l'autre. On la verra reparaître plus
tard, sur un terrain plus large, entre classiques et romantiques ; mais alors on laissera
de côté la personnalité des auteurs : Il s'agira
de discuter les genres eux-mêmes, et la valeur des procédés littéraires, en faisant abstraction des personnes. Mais là, encore, on se
retrouvera en présence, pour les soutenir ou
les rejeter, des principes défendus par Boileau
et particulièrement exposés dans son traité de

l'*art poétique*, qui fut le vrai code de la littérature classique. Assurément, les règles particulières qu'il expose, et plus encore les applications spéciales qu'on en peut faire, sont controversables : il ne saurait en être autrement ; mais, il n'en est pas moins vrai que cette poésie n'est devenue, en quelque sorte, banale, qu'à force d'être judicieusement pensée et vigoureusement écrite.

« L'art poétique, dit M. H. Martin, semble un recueil de centons et de maximes, tant il fourmille de vers devenus proverbes. »

Ce que M. Martin oublie d'ajouter, c'est que toute la littérature dite classique, et particulièrement l'art poétique de Boileau, qui en formule si magistralement les règles, n'est autre chose que l'application à la littérature des principes exposés par Descartes dans sa philosophie. Nous rentrons donc dans notre thèse générale en affirmant le caractère essentiellement philosophique et cartésien de la littérature classique. Cette question, d'ailleurs,

entrevue par un certain nombre de critiques,
a été supérieurement traitée, et dans son
ensemble, incontestablement résolue par
M. Krantz, dans son *Essai sur l'Esthétique de
Descartes*. Nous engageons ceux que n'effraye
pas la lecture d'un style philosophique, toujours précis et même éloquent, mais parfois
aussi plus fatiguant quand on n'est pas fami-
liarisé avec les termes et formules, à consulter cet excellent ouvrage. M. Krantz consacre la plus grande partie de sa thèse à l'étude
de l'*art poétique* de Boileau. Il le considère
comme faisant bien le pendant au *Discours
sur la méthode*, et comme le premier monument de l'esprit critique en littérature, de
même que le Discours l'avait été en philosophie. Il n'a certes point l'intention de faire
l'analyse de l'œuvre ; ce n'eût été qu'une ré-
pétition de ce qu'ont fait avant lui d'éminents
critiques, tels que M. Nisard, pour ne citer
qu'un nom, qui n'est pas le moins illustre.
Mais, traitant ce sujet au point de vue phi-

losophique, il détermine, d'après Boileau :
1° Quel est le beau idéal dans le genre classique ; 2° A quel critérium il se reconnaît, tant
dans les caractères objectifs de l'œuvre que
dans les émotions subjectives de l'âme qui
conçoit ce beau idéal ; 3° Quels moyens doivent prendre et quelles règles doivent suivre
les poètes, pour exprimer, réaliser le beau
idéal.

Dans chacune de ces questions, qu'il s'a-
gisse, soit des principes mêmes, soit des règles
qui en seront la conséquence et l'application,
M. Krantz établit l'inspiration et la direction
cartésiennes. A l'aide de nombreux exemples, il
nous fait toucher du doigt, en quelque sorte,
l'accord constant qui règne entre Descartes
et Boileau.

Il est à remarquer que cette division de
l'Art poétique de Boileau : Essence, citérium
et expression de beau idéal, correspond exac-
tement aux trois grandes divisions de la philosophie de Descartes : 1° *Essence du vrai*, ou

métaphysique ; 2° *Critérium de la vérité*, ou psychologie ; 3° *Méthode* pour arriver au vrai, ou logique.

Or, si, pour Descartes, l'essence du vrai, c'est l'*universel*, pour Boileau, l'essence du beau consiste aussi dans l'*universel*.

C'est le même système, qui s'appelle : en philosophie l'*idéalisme*, et en littérature le *classique*. Ce que tous deux estiment par dessus tout, c'est le *général*, et par suite la faculté qui le saisit : la *Raison*. On est étonné du nombre de vers où revient, chez Boileau, ce terme de raison, et, quand on les rapproche, on pourrait se croire en présence d'un traité de logique, non moins que d'un art poétique :

Que toujours le *bon sens* s'accorde avec la rime.....
Aimez donc la *raison* ; que toujours vos écrits
Empruntent d'*elle seule* et leur lustre et leur prix, etc.

Pour Descartes le critérium philosophique c'est l'évidence ; pour Boileau le critérium esthétique, c'est la clarté :

Ce que l'on conçoit bien s'énonce *clairement*...
Une nouvelle absurde est pour moi sans appas,
L'esprit n'est point ému de ce qu'il ne croit pas... etc.

La même analogie se retrouve entre Descartes et Boileau dans l'exposé des principales règles qu'ils formulent, telles que : la clarté, l'unité, l'identité, la simplicité, la perfection absolue, l'analyse et l'abstraction, la séparation des genres, etc...

Telle est, résumée en quelques mots, l'intéressante étude que M. Krantz consacre à l'art poétique, en suivant la marche la plus logique. Il caractérise d'abord la philosophie de Descartes, puis la littérature classique, et fait ensuite la comparaison des deux pour en faire mieux ressortir la ressemblance.

En terminant cette étude sur Boileau, nous ne devons pas oublier les reproches plus ou moins fondés, qui lui furent adressés. Quelques-uns, comme Marmontel, lui refusent les facultés essentielles du rôle qu'il s'est donné de senseur des mauvais écrivains de son siècle.

C'est aller beaucoup trop loin. On lui reproche certaines injustices envers Quinault, et peut-être n'a-t-on pas tout à fait tort. Quant à l'oubli plus regrettable de La Fontaine, son ami, il est probable que la meilleure raison que pourrait alléguer Boileau, pour justifier et excuser son silence, c'est précisément que La Fontaine subissait beaucoup moins que lui l'influence de la philosophie cartésienne, et par suite, que leur Esthétique n'était pas la même. La nature, que La Fontaine se contentait de *sentir*, et de traduire comme il la sentait, n'apparaissait pas sous le même point de vue à Boileau, qui voulait la *raisonner*.

Aujourd'hui, Boileau n'aurait sans doute qu'un regard de dédain pour les rosiers, poussant en liberté, d'Alphonse Karr, mais il s'extasiait alors devant les ifs taillés méthodiquement du jardin de Versailles. Cette manière d'envisager la nature était toute cartésienne ; c'était celle de Boileau et des vrais classiques. Quoiqu'il en soit, il faut reconnaître en lui, avec La Harpe, presque toutes les qualités de l'esprit et du cœur dont la critique réclame le concours.

« Boileau, dit M. Villemain, fut le réformateur de son siècle. Sans long examen, avec de bonnes plaisanteries et de bons vers, il décrédita les mauvais écrivains, qui presque tous se vengèrent en faisant de mauvaises critiques... Il appuya sa doctrine de ses exemples. voilà ce qui fit sa force. »

C'est à regret que nous laissons dans l'ombre plusieurs auteurs dont les mérites auraient droit à une place plus honorable dans l'histoire de la critique.

Nous ne faisons que nommer La Bruyère, qui semble procéder à la fois de Molière, de La Rochefoucauld et de Nicolle, et dont on ne saurait méconnaître l'importance des jugements littéraires, mêlés à ses études de peintre des mœurs.

Bayle exerça son esprit critique sur l'érudition, plus encore que sur le goût; et il le fit

6

sans amertume et sans passion, avec un esprit supérieur et modéré.

Le mérite des œuvres de Fénelon ne doit
point faire oublier à quel point il s'est montré
critique éminent dans les *Dialogues sur l'Eloquence*, et surtout dans la *Lettre à l'Académie
française*, — cette merveille d'érudition et de
bon sens.

Il faudrait citer encore, parmi les critiques
de profession du siècle de Louis XIV, Dacier, et surtout madame Dacier, si ardente à
la défense des Anciens, et particulièrement
d'Homère, si outrageusement défiguré par La
Motte.

« L'ingénieux La Motte, — dit M. Villemain, — avait le véritable langage, et, pour
ainsi dire, les grâces de la critique. Sa censure est aussi polie que sa diction est élégante.
Il ne lui manquait que d'avoir raison. Mais il
se trompa, d'abord en attaquant les anciens,
et plus encore en défendant ses vers. »

Le soleil de Louis XIV est sur son déclin ;

les étoiles qui lui faisaient cortège s'éteignent les unes après les autres. Les astres nouveaux qui s'élèvent n'appartiennent plus au grand siècle ; c'est le commencement d'une ère nouvelle. Rollin, le bon Rollin, fait entrer la critique littéraire dans l'enseignement, pendant que les maîtres de Port-Royal ne poussent pas l'austérité jusqu'à l'en bannir. « Le *Traité des Etudes* de Rollin est, selon l'expression de M. Villemain, un monument de raison et de goût, un des livres les mieux écrits dans notre langue après les livres du génie. » Il appartient au xviiie siècle, le siècle critique par excellence, et, dans le fracas d'un passé qui se brise, apparaît Voltaire.

CHAPITRE IV

Au xviiie siècle, ce siècle si novateur, il s'établit, dans le monde des Lettres, une sorte d'équilibre entre les producteurs et les critiques. Chaque catégorie est aussi riche et aussi brillante que l'autre. Voltaire, par exemple, qui est le premier à signaler dans la critique comme en tant de choses, s'y partage avec une sorte d'égalité. Son *Commentaire de Corneille* vaut bien ses meilleures tragédies, et son *Siècle de Louis XIV* vaut mieux que sa *Henriade*. Dans la seconde moitié surtout, il n'est pas un grand écrivain qui échappe à ce

désir, à ce besoin d'analyse critique. « Il semble, — dit M. Villemain, — qu'après de nombreuses innovations en théories, la réforme
réelle ne s'était pas encore produite ; le talent
manquait de but et de carrière et revenait sans
cesse à la seule contemplation de l'art. Vous
voyez Buffon faire un *discours sur le style*,
vous voyez Montesquieu donner des préceptes
du goût ; Voltaire, dans sa volumineuse collection est plus critique encore qu'historien et
poète. L'époque et les institutions le ramènent
à cet emploi subalterne des forces de sa pensée. C'était presque la seule tâche offerte aux
talents du second rang, à Thomas, à La Harpe,
à Marmontel, à Barthélemy, à Chamfort, enfin
à presque tous les hommes du xviii° siècle qui
ne furent pas des originaux. »

Et plus on avancera vers le xix° siècle, plus
on verra les grands talents se vouer de prime-
abord à la critique. Les producteurs eux-
mêmes deviendront tellement possédés de cet
esprit, qu'ils se feront les critiques de leurs

6*

propres œuvres. Ils voudront les annoncer, les analyser, les commenter, les compléter, les défendre, et même les admirer dans des introductions ou appendices considérables et parfois plus curieux que les œuvres mêmes.

Cette réflexion nous ramène à constater l'influence de la philosophie sur la littérature en général, et sur la littérature dramatique en particulier.

« Au xviiie siècle, dit encore M. Krantz, le théâtre et la philosophie se rapprochent au point de s'identifier. Diderot rêva un théâtre moral qui enseigne la vérité et la vertu. On parlera plus tard de pièces à thèses, et, après le théâtre moral, on ira jusqu'à la conception d'un théâtre scientifique. Nous n'avons pas à rechercher ici si cet envahissement du théâtre par la philosophie n'est pas un danger pour les deux, et si l'histoire n'est pas là pour nous avertir que le théâtre, du moins, a rarement gagné à cette intimité exagérée avec l'esprit de système et de discussion. Mais nous consta-

tons un fait qui a son importance : l'élément
essentiel du théâtre est tellement un élément
philosophique que plus le théâtre se développe
dans le temps et plus cet élément devient do-
minateur et exclusif, au point même de com-
promettre, par l'excès, l'équilibre et l'indivi-
dualité de cet organisme dramatique dont il
est comme le principe vital. »

On a dit que la critique au xviii° siècle se
présentait sous trois formes : Elle était dog-
matique, historique, ou conjecturale. Ce fut
Diderot qui donna l'exemple de cette dernière
en se faisant novateur en théorie avant de
l'être en fait.

C'est peut-être là que commencent à s'établir ou à s'accentuer les différences qui caractérisent au théâtre l'esprit classique et l'esprit
romantique. Nous savons déjà que le premier
procède par analyse et par abstraction pour
exprimer le général, et donner l'impression
de l'unité. Le second prend le contre-poids, il
emploie de préférence le concret, c'est-à-dire

le fait, le mouvement et la couleur ; il a pour
moyen l'antithèse et pour but le rapprochement des contraires, « avec l'intention d'en
comprendre le plus possible dans une synthèse
de plus en plus enveloppante qui n'exclura
aucun effet de contraste ni aucun genre d'opposition. »

Cette théorie est rendue palpable à l'aide
d'un exemple. Prenons au hasard une tragédie classique, soit la *Phèdre* de Racine. Avant
la pièce, il y a la liste des personnages, puis
cette demi-ligne : « La scène est à Trézène,
ville du Péloponèse. » Et c'est tout : pas d'autre indication, ni sur le décor, ni sur la position, ni sur les gestes des acteurs.

Diderot, au contraire, qui est en quelque
sorte comme le père du romantisme français,
puisqu'il a fondé le drame, a inauguré le système des renseignements au lecteur. Il indique
ses intentions et les attitudes de ses personnages, par de petits morceaux de descriptions
intercalés dans le dialogue. On en voit de cu-

rieux exemples dans le « Père de famille, » et le « Fils Naturel. » Ce n'est peut-être pas encore une théorie, mais c'est du moins, le signe frappant d'une théorie. Il y a là un trait expressif que le romantisme français poussera plus tard jusqu'à d'excessives minuties. On verra, par exemple, le premier acte de Ruy-Blas précédé d'abord de la liste des personnages ; ils sont bien autrement nombreux que dans les tragédies de Racine, ce qui annonce déjà une action plus complexe. Puis viendra une longue page de description et de narration, où l'auteur nous mettra au courant des détails matériels que, dans sa pensée, il importe de connaître pour suivre son drame. Dans d'autres pièces romantiques, ces indications prennent même parfois des proportions énormes.

En créant le drame en France, Diderot fléchissait au mouvement philosophique de son temps. Il rejetait l'analyse classique et subissait la tendance naissante vers la synthèse. Le

romantisme a si bien compris cette tendance
que plus tard il l'érigera en véritable loi esthétique. Dans sa préface de Ruy-Blas, Victor
Hugo dira : « Le drame tient de la tragédie
par la peinture des passions et de la comédie
par la peinture des caractères. Il est la troisième grande forme de l'art, comprenant, en-
serrant et fécondant les deux premières. Corneille et Molière existeraient indépendamment
l'un de l'autre, si Shakespeare n'était entre eux,
donnant à Corneille la main gauche, à Molière
la main droite. De cette façon, les deux élec-
tricités opposées de la comédie et de la tragédie se rencontrent, et l'étincelle qui en jaillit,
c'est le drame.

Diderot cependant, en créant le drame, n'a-
vait fait que reprendre l'idée de Corneille. Si
le drame, essayé et même défini par le grand
Corneille, n'a pas fait son entrée cent ans plus
tôt sur la scène française, malgré la haute
autorité d'un introducteur aussi illustre, ce
n'est pas que la formule n'en ait été proposée

aux classiques et connue d'eux, mais c'est que
leur goût ne pouvait pas les admettre, parce
que ce goût était inspiré et réglé par une philosophie dont l'esthétique n'admettait pas la
confusion des genres. Voilà pourquoi le drame
présenté au théâtre du xviiᵉ siècle sous le pa-
tronage de Corneille, a été repoussé et différé
jusqu'à Diderot, c'est-à-dire pendant le temps
qui s'est écoulé entre l'avènement du carté-
sianisme et le commencement de sa décadence,
ou du moins entre l'époque où il ne faisait que
de naître, et celle où la philosophie du sentiment et de la sensation diminua considérable-
ment son empire.

Les réflexions qui précédent, et établissent
une fois de plus la subordination de la littérature, et par conséquent de la critique, à la philosophie, ne nous paraissent pas inutiles au
moment d'entreprendre une étude sur Voltaire.
Elles nous aideront à compre ndre son tempérament essentiellement éclectique qui en philosophie fera de lui un idéaliste et un réaliste,

et en littérature un classique et un romantique.

On a recueilli en un volume spécial la *Rhétorique de Voltaire*, mais il faudrait bien des
volumes pour extraire de ses écrits tout ce
qui a rapport à la critique. Ce serait une tâche
effrayante de chercher à travers l'œuvre entière ses opinions en littérature et en esthétique. Et encore cette recherche immense n'a-
boutirait qu'à une collection de jugements très-
divers, parfois même contradictoires, dont il
serait délicat de tirer une conclusion unique
et fixe. Suivant les textes consultés et habile-
ment choisis, on pourrait démontrer que Voltaire a été rationaliste avec Descarte, et aussi
empirique avec Locke. On constaterait que
c'est avec un enthousiasme qui promettait une
révolution littéraire qu'il fit connaître Shakespeare à la France, comme bientôt après il
traitera de « barbare » ce même Shakespeare
et qualifiera ses chefs-d'œuvre de « farces
monstrueuses. » C'est ainsi encore qu'il a écrit

des drames suivant la formule romantique de Diderot, et des tragédies suivant la formule classique de Racine.

A qui s'étonnerait de ces changements à vue, il faudrait répondre qne cet éclectisme de Voltaire constitue précisément le côté caractéristique de son génie, et explique ce qu'on pourrait appeler *l'universalité* de Voltaire, universalité qui n'a cessé ni ne cessera d'étonner la postérité. C'est ce qui semble aussi avoir conquis d'abord, séduit, enchanté Frédéric, comme le prouve cette lettre qu'il lui adressait à Cirey.

« Je doute, — lui écrivait-il, — s'il y a un Voltaire dans le monde ; j'ai fait un système pour nier son existence. Non assurément, ce n'est pas un seul homme qui fait le travail prodigieux qu'on attribue à M. de Voltaire. Il y a à Cirey une Académie composée de l'élite de l'univers. Il y a des philosophes qui traduisent Newton ; il y a des poètes héroïques, et il y a des Corneille, il y a des Catulle, il y a des Thucidide, et l'ouvrage de cette Académie se publie sous le nom de Voltaire, comme l'action de toute une armée s'attribue au chef qui la commande. » On ne saurait plus agréablement flatter, ni mieux dire.

Nous n'avons pas à faire la vie de Voltaire. Nous ne pouvons résister cependant au désir d'en résumer le portrait quelque peu humoristique qu'en trace à grandes lignes M. Arsène Houssaye :

« La vie de Voltaire est une comédie en cinq actes, en prose, où rayonne la raison humaine dans le génie français.

Le premier acte se passe à Paris avec les grands seigneurs et les comédiennes ; il commence aux fêtes du prince de Conti et finit à la mort de Mlle Lecouvreur... C'est l'époque de la Bastille et de l'exil... Voltaire est déjà l'ami des rois et l'ennemi de leur royauté, car il pressent la sienne. Comme les dieux de l'Olympe, il a franchi l'espace en trois pas...

Le second acte se passe au château de Cirey et à la cour du roi Stanislas. Ce deuxième acte peut s'appeler l'amour de la science et la science de l'amour...

Le troisième acte se passe à la cour de Frédéric II, à Berlin, à Postdam, à Sans-Souci. C'est une caricature du Sunium et du Palais-Royal...

Le quatrième acte se joue à Ferney. Le roi Voltaire prend pied du même coup dans quatre pays, en attendant qu'il règne partout. Il a une cour, il a des vassaux, il a des curés ; il bâtit une église ; il baptise tous les caté-chumènes de la philosophie de l'avenir ; il apprend l'amour aux puritaines de Genève ; il dote la nièce de Corneille ; il venge la famille de Calas, il plaide pour l'amiral Byng, pour Montbailly, pour la Barre, pour tous ceux qui n'ont point d'avocat.

Le cinquième acte se passe à Paris comme le premier ; mais cet homme, qui, au début de l'action, était embastillé, proscrit, revient en conquérant. Tout Paris se lève pour le saluer ; l'Académie croit qu'Homère, Sophocle et Aristophane sont revenus sous la figure de Voltaire ; la comédie le couronne de l'immortel laurier. Mais il est bien question du poète à cette heure suprême ! Paris tout entier le tue dans ses embrassements, ce roi de l'opinion qui lui apporte en mourant la conquête des droits de l'homme. »

Notre âge peut se rendre compte de l'enthousiasme qui mit alors Paris aux pieds de Voltaire, par l'apothéose que, dans ces derniers temps, Paris fit à Victor Hugo. Si le philosophe, enivré de gloire, adressa un jour à Paris, qui le portait en triomphe, le reproche de vouloir « l'étouffer sous des roses, » c'est surtout le poète que, l'année dernière, dans un jour de triomphe aussi, ce même Paris couvrit de ses lauriers.

Mais laissant de côté ses autres titres de gloire, nous avons particulièrement à étudier Voltaire comme critique.

A vrai dire, si les tendances de son esprit

le portaient naturellement vers la critique, les luttes qu'il eut à soutenir, le concours des circonstances auxquelles il fut mêlé, ne contribuèrent pas peu à développer, à perfectionner ces dispositions naturelles.

La morale ne l'embarrassait guère. Au sortir du collège, il se voyait introduit au Temple, chez le grand prieur de Vendôme, et dans les autres sociétés où régnait l'esprit de Ninon. Il se fit dès lors le disciple et l'imitateur de ce vieil abbé de Chaulieu, qui était le poète et le philosphe de ce petit monde épicurien. Ce n'était pas sans doute pour un jeune homme la meilleure entrée dans la vie, et Voltaire prit là un pli qui ne s'effaça jamais. On ne peut guère, il est vrai, lui reprocher des excès, dont le préservaient son tempérament et son esprit, également délicats, mais ces excès avaient perdu, pour lui, de l'horreur naturelle qu'ils inspirent, et il n'admit d'autre règle de mœurs qu'une certaine modération dans le plaisir, comme en toutes choses.

Ses premiers vers, galants ou satiriques, lui valurent d'expérimenter de bonne heure les abus d'un pouvoir arbitraire. Relégué une première fois hors de Paris, en 1716, il fut l'année suivante jeté à la Bastille. Quand il en sortit, après une année de captivité employée à de nombreux travaux, il lança sur le théâtre sa tragédie *d'Œdipe*. Le succès en fut éclatant. On put croire que Corneille et Racine allaient renaître. Ce fut l'ouverture de la carrière de Voltaire. Il avait alors vingt-quatre ans.

La *Henriade*, composé sous les verroux de la Bastille, parut bientôt après. On sait l'histoire de son exil en Angleterre, sur la demande du chevalier de Rohan, dont Voltaire avait relevé l'impertinence par des paroles piquantes. De retour en France, il donna au théâtre *Brutus* (1730), et sa tragédie de Zaïre (1732), dont le succès mit le comble à sa réputation d'auteur dramatique. A ce moment, l'Académie française allait lui ouvrir ses portes, lorsqu'il se les ferma lui-même à plaisir, en publiant cette œuvre gracieuse et délicate de critique, en vers et en prose, qu'on appelle le *Temple du Goût* (1733), charmant et sérieux badinage où brille la plus fine fleur de l'esprit français, ce qu'on pourrait appeler la grâce du bon sens. Mais, malgré l'épigraphe : *Nec lædere, nec adulari*, il caressait doucement . la vanité de quelques-uns de ses confrères, en blessant mortellement celle du plus grand nombre. Il commença dès lors à satisfaire à outrance ses rancunes par des satires et des pamphlets : Il rime contre le malheureux J.-B. Rousseau sa *Crépinade* (1734), et, pour mieux le diffamer, il écrira sa *Vie* (1738).

Néanmoins les haines qui le poursuivaient et qu'il était bien décidé à ne pas désarmer par le silence, lui inspirèrent la résolution de se tenir désormais à distance du lieu d'où partaient les lettres de cachet, afin d'avoir le temps, au besoin, d'amortir les coups ou de se mettre à l'abri. C'est ce qui le déterminera à se retirer en Lorraine, au château de Cirey, chez une amie, la marquise du Châtelet. Ce sera là le meilleur temps de sa vie. Il y vivra en communauté d'esprit, de cœur, de goûts et de travaux avec une femme qui, dit-il, « lisait Virgile, Pope et l'algèbre comme un roman, » cœur de femme avec un esprit d'homme. Ce fut un espèce de mariage, autorisé par les mœurs de l'époque, et la seule affection sérieuse et solide, sinon très-passionnée, que Voltaire ait jamais eue pour une femme.

De son séjour en Angleterre, Voltaire avait rapporté des notes critiques sur la religion, la philosophie, la politique et la littérature de ce pays. Après deux ans d'hésitation, les *Lettres philosophiques sur les Anglais*, annoncées et attendues avec une curiosité inquiète, furent imprimées clandestinement en 1734. Alors, un violent orage éclata contre les *Lettres*. Le clergé les fit supprimer par un arrêt du Conseil. La grande Chambre du Parlement alla plus loin et les condamna au feu.

La publication de l'*Epître à Uranie*, où la révélation chrétienne est ouvertement atta-quée, renouvela la tempête.

« Ce qui surprend le plus, dit M. Michelet, c'est que les grands orages lui viennent à cha-que instant pour des productions très-légères autant que pour des livres hardis. Pour le *Temple du goût*, il est persécuté. Persécuté pour une *épître à Uranie*.

Madame du Châtelet est toujours dans les transes. En 1734 et 1735, ils respirèrent à peine. En plein hiver, alerte, (26 décembre) ; il s'en va de Cirey, se met en sûreté. Autre plus grave en décembre 1736, pour la plai-santerie du *Mondain*, et cette fois il part pour la Hollande. Elle le suit. Les voilà sur la neige à Vassy, 4 heures du matin. Elle pleure. Va-t-elle revenir seule dans ce Cirey désert ? ou va-t-elle avec lui en laissant là ses enfants, sa famille ? Tout souffreteux qu'il fût, seul il passa l'hiver dans cette froide et humide Hol-lande, caché le plus souvent, redoutant à la

7*

fois la haine de nos réfugiés, et les calomnies catholiques du vieux J.-B. Rousseau. »

Cette Epître à Uranie avait été composée de 1720 à 1721, et elle avait couru longtemps manuscrite, sous le pseudonyme du défunt abbé de Chaulieu. Comme idée, cela ne dépassait peut-être pas les *esprits forts* d'alors, mais il y avait une verve, une vie, une ardeur d'expansion tout à fait nouvelles. Elle fut publiée, dit-on, contre le gré de l'auteur. Voltaire la désavoua. Il adopta dès lors un plan de conduite, mélangé *d'audace et de souplesse*, comme dit son biographe Condorcet : reniant les œuvres trop compromettantes, les publiant sous des pseudonymes, rusant, louvoyant et avançant toujours. Ce système l'a fait accuser parfois de manquer de courage, et c'est à tort car il le poussait même souvent jusqu'à la bravade. On sait son mot au lieutenant de Police Hérault : « Monsieur, lui demanda-t-il un jour, que fait-on à ceux qui fabriquent de fausses lettres de cachet ? — On les pend. —

C'est toujours bien fait, en attendant qu'on traite de même ceux qui en signent de vraies.»

Mais si ce n'était pas un manque de courage, cela pouvait être un manque de dignité, surtout dans les discussions littéraires, car toutes les fois que Voltaire pourra employer contre ses ennemis une arme plus brutale que le sarcasme ou le rire, plus dangereux et plus sûre, il n'aura garde d'y manquer.

« Jusqu'à son dernier jour, dit M. Brunetière, il aura quelque peine à concevoir qu'un gouvernement bien réglé permette aux Desfontaisnes, aux Fréron, aux La Beaumelle, d'écrire contre un Voltaire. Aussi, quand il briguera l'entrée de l'Académie française ou de l'Académie des sciences, ne sera-ce pas seulement vanité d'homme de lettres et gloriole de poète, ni même plaisir de triompher de la Cabale et de l'emporter sur un évêque ; c'est que les Académies « sont des asiles contre l'armée des critiques hebdomadaires, que la police oblige de respecter les corps littéraires. »

« Nous en devons l'aveu naïf au plus naïf de ses biographes, à Condorcet. »

Nous croyons devoir rapprocher de ce jugement l'opinion de M. Paul Albert, à propos des ennemis de Voltaire :

« On a versé des pleurs plus ou moins désintéressés sur ceux qui eurent la maladresse de se faire les ennemis de Voltaire, les Desfontaines, les Fréron, les La Beaumelle : en vérité, voilà de jolis clients à défendre. Disons tout simplement que Voltaire eut le tort de se commettre avec de tels drôles ; qu'il n'était pas digne de lui de relever les calomnies et les outrages partis de si bas. Ajoutons même qu'il fut impitoyable dans ses représailles, qu'à plusieurs reprises les misérables demandèrent grâce, et qu'il continua à les frapper à terre. Je veux bien blâmer cet acharnement, mais j'avoue qu'il m'est impossible de plaindre les victimes. Il ne savait aimer ni haïr à demi. »

Et M. Paul Albert ajoute :

« On l'a accusé d'avoir été jaloux, envieux même. Il y a dans la tragédie de Tancrède un vers qui souleva à la représentation de 1760 les applaudissements de toute la salle ; elle en fit aussitôt l'application à l'auteur.

De qui, dans l'univers, peut-il être jaloux ?

De J. B. Rousseau, notre grand lyrique, comme on disait alors ; de Crébillon, notre grand tragique, de Montesquieu, de Rousseau, de Buffon ? Qu'il ait été agacé de se voir sans cesse jeter à la tête les noms de Jean-Baptiste Rousseau et de Crébillon qu'on ne louait tant que pour le rabaisser, cela est certain ; qu'il ait été impatient de les remettre à leur place et de prendre la sienne, on ne peut en douter : il avait la conscience de sa valeur, il était poète, irritable, et il voyait bien qu'on cherchait à lui faire pièce. Quant à Montesquieu et à Buffon, il leur rendait justice, mais les aimait peu. Il exécrait Rousseau et se déchaîna contre lui. Il y avait entre eux la plus com-

plète antipathie de nature. Cela n'excuse pas
les torts de Voltaire, mais cela les explique.
Quant aux autres gens de lettres, il fut leur
protecteur et leur ami. Il offrit à Diderot et à
d'Alembert persécutés à Paris, de venir s'ins-
taller avec leurs collaborateurs à Ferney, pour
y achever paisiblement *l'Encyclopédie* ; il
lança Marmontel, accabla de ses bienfaits La
Harpe, qui plus tard ne s'en souvint guère. »

Quel que soit le peu de cas que M. P.
Albert fasse des ennemis de Voltaire, il est
certain que celui-ci était loin d'être insensible
à leurs attaques. En 1735, dans les *Observations sur les écrits modernes*, il se trouva des
critiques qui irritèrent vivement le grand
homme, dont la modestie était le moindre défaut. Ces critiques étaient de Desfontaines,
qui avait pourtant certaines obligations envers
Voltaire et qu'un sentiment de reconnaissance
eût dû rendre plus circonspect.

Après avoir passé quinze ans chez les jésui-
tes qui l'avaient envoyé professer la rhétori-

que à Bourges, Desfontaines était venu à Paris, où il fut admis parmi les rédacteurs du *Journal des Savants*, et publia différents recueils périodiques.

Accusé alors d'un crime honteux, il fut jeté en prison, et il était sur le point d'être condamné aux galères, lorsqu'il implora la protection de Voltaire, qui fit agir des amis puissants et obtint la mise en liberté de Desfontaines. Le séjour de Paris lui fut cependant interdit jusqu'en 1731. Tel est l'homme qui se fit le critique de Voltaire.

Celui-ci, dans le *Préservatif*, publié sous le nom du chevalier de Mouhy, signale les bévues de Desfontaines, qui réplique par la *Voltairomanie* (1738) et le *Médiateur* (1739), ramas d'anecdotes scandaleuses qui émurent vivement Voltaire et dont il poursuivit et obtint le public désaveu. Il écrivit aussi contre l'ex-jésuite une comédie satirique, l'*Envieux*, que sur les instances de Mme du Châtelet, il renonça à faire représenter.

La lutte une fois engagée se poursuivit sans intermittence jusqu'à la mort de Desfontaines qui, moins puissant que Voltaire avait forcément le dessous et ne se relevait pas facilement des coups que lui portait le vindicatif Arouet. On raconte qu'un jour le comte d'Argenson lui reprochait ses critiques amères et injustes contre les gens de Lettres. Le satirique se débattait, puis pour dernière raison : « Monseigneur, lui dit-il, il faut pourtant bien que je vive ! — Mais, répliqua froidement le Ministre, je n'en vois pas la nécessité.»

Cependant des déceptions de courtisans et de poète, des froissements d'amour-propre, les succès de cabale faits à Crébillon, et aussi les critiques acerbes de Fréron qui remplaça Desfontaines comme ennemi en titre, contraignirent Voltaire, vers la fin de 1746, à s'éloigner de Paris et de Versailles. Pendant quelques mois, il se tint rigoureusement caché, avec madame du Châtelet, chez la duchesse du Maine, au château de Sceaux.

Quoique s'attaquant à beaucoup plus fort que lui, ce Fréron, dont il est question, ne méritait pas absolument, comme critique, le dédaigneux mépris dont le gratifie M. P. Albert. Il ne manquait ni de goût, ni de talent. « Pour beaucoup de gens, —dit M. Villemain, — le scandale est un succès. Fréron l'obtint. Abondamment pourvu d'idées communes, écrivant facilement d'un style médiocre, il imprima deux cents volumes de critique, dont le but principal est Voltaire. » Ce jugement est vrai. Certes, Fréron était sec et froid, plus rhéteur qu'écrivain, mais c'était avant tout un polémiste et sa principale force était dans l'ironie. Avouons, si l'on veut, qu'il ait trop souvent dépassé les bornes de la critique et qu'il se soit fait une habitude du libelle ; disons que ce fut un homme équivoque ; mais ne le croyons pas si méprisable que l'ont dépeint les ennemis que ses attaques lui attiraient. Un de ses panégyristes, M. Ch. Monselet, nous montre en lui « un joyeux compagnon, menant grand train et faisant bombance. » Ce n'est pas là sans doute un mérite, ni un titre de gloire, mais on n'en peut pas dire autant du premir venu, et cela ne prouve pas que Fréron fût un sot.

C'est surtout par sa lutte contre Voltaire qu'il est resté célèbre. Entre ses nombreux ennemis, Fréron est l'élu de son choix, et c'est pour lui que Voltaire aiguise ses traits les plus acérés. On connait la fameuse épigramme.

> L'autre jour, au fond d'un vallon,
> Un serpent mordit Jean Fréron.
> Que pensez-vous qu'il arriva ?...
> Ce fut le serpent qui creva !

Il fit aussi contre son ennemi la plus virulente de ses satires, le *Pauvre Diable*, et cette comédie Aristophanesque de *l'Ecossaise*, qui eut un si grand retentissement et où Fréron paraît comme un pamphétaire vénal, impudent et avili.

Cette pièce fut jouée sur la scène du Théâtre Français le 16 juillet 1760. Fréron était représenté sous le nom de *Wasp*, (en anglais *Guêpe*), nom qui, dans la pièce imprimée, est remplacé par celui de Frélon. Le critique, si violemment exécuté, ne perdit rien de son calme. Il assista aux deux premières représentations de *l'Ecossaise* et en fit un compte-rendu ironique et sans injure sous le titre de « *Relation de la grande bataille.* »

« Voltaire rencontra d'autres adversaires ; — dit encore M. Villemain, — le besoin de leur répondre a grossi la collection de ses œuvres. On peut leur pardonner; c'est un des service que la critique injuste rend au public. »

Nous pouvons à peine nommer en passant, parmi les incessantes productions de Voltaire, ses tragédies d'*Alzire*, de *Mahomet*, de *Mérope*, sa comédie de *Nanine*, et *son Histoire de Charles XII*, l'un des chefs-d'œuvre de la littérature française. Vers 1840, il avait composé l'*Essai sur les mœurs et l'esprit des*

Nations, de Charlemagne à Louis XIII. Cet ouvrage, écrit pour madame Du Châtelet, est l'une des œuvres capitales du xviii° siècle. C'est la suite et le contre-pied du *Discours sur l'Histoire Universelle* de Bossuet. Longtemps inédit, il ne parut qu'en 1757.

Personne n'ignore comment le jeune prince royal de Prusse s'était attaché à Voltaire avec un enthousiasme devenu bientôt réciproque et dont une volumineuse correspondance nous a conservé le souvenir.

Lorsqu'il fut monté sur le trône, il fit de grands efforts pour attirer son « *cher maître*, » non point à sa cour, — il n'avait pas de cour, — mais dans le château où il vivait dans l'intervalle de ses batailles, au sein d'une colonie de savants et de littérateurs.

Tant qu'il fut retenu par son affection pour *Émilie* (Madame du Châtelet), Voltaire résista. Malgré l'infidélité de cette femme qui s'était laissé entraîner à la faiblesse d'un nouvel attachement pour un jeune homme (Saint-Lambert), ce ne fut qu'après sa mort qu'il accepta les propositions de Frédéric et qu'il partit pour Berlin (1750.)

Ce séjour de Voltaire en Prusse ne resta pas infécond. Il y eut pour lui, dans cette société étincelante de verve et de gaieté sarcastique, quelques mois d'un véritable enchantement. Laissons de côté les justes raisons politiques qui nous feraient lui adresser, avec un sentiment, sinon de blâme, du moins de regret, le reproche d'avoir accepté l'hospitalité prussienne. Jamais, peut-être, regret ne fut plus éloquemment formulé que par M. Brunetière. Mais notre rôle d'historien est avant tout de constater la réalité des faits, et c'est un fait constant que Voltaire se trouva d'abord fort heureux auprès de Frédéric. Partagé entre le travail et le plaisir, — plaisir de l'esprit, le premier qu'il eût toujours goûté, devenu maintenant l'unique pour lui, — il semblait n'avoir jamais si pleinement vécu. Le feu jaillissait à jet continu de sa plume comme de sa bouche. C'est alors qu'il termina son *Essai sur les mœurs des nations*, ainsi que son *Histoire du siècle de Louis XIV*. Commencé vingt ans auparavant, cet ouvrage fut plusieurs fois repris sous l'inspiration persistante de Voltaire pour son héros. C'est un monument élevé au génie classique par l'esprit le plus capable de le comprendre et de le célébrer. Voltaire est entré dans les secrets de la perfection littéraire du xvii° siècle, avec une pénétration et une sûreté qui n'ont pas été dépassées même par les plus compétents et les mieux renseignés des critiques postérieurs. Accueilli avec enthousiasme et critiqué avec acharnement, il fut réimprimé huit fois en huit mois.

C'est à Berlin que Voltaire rencontra l'un de ses plus terribles adversaires, La Beaumelle.

La Beaumelle était déjà à Berlin quand Voltaire y arriva. Il essaya de se lier avec le philosophe, qu'il avait cependant directement at-

taqué dans son livre intitulé : « *Mes pensées* ».
Mal accueilli, il ouvrit contre Voltaire une
lutte qui n'eut plus de trêve.

De retour à Paris, La Beaumelle publia
en trois volumes ses « *notes sur le siècle de
Louis XIV*. » Dans ce volumineux pamphlet,
toutes les attaques n'étaient pas dirigées contre son ennemi Voltaire ; il se livrait aussi à de
blessantes personnalités contre le duc d'Orléans. Cette imprudence lui coûta une année
d'emprisonnement à la Bastille.

A peine sorti, il recommença la lutte par
ses *Lettres à M. de Voltaire en réponse au
supplément du siècle de Louis XIV.*

En même temps, Voltaire recevait un grand
nombre de lettres anonymes, assurément peu
flatteuses pour son amour-propre. Ses ennemis l'accusèrent même faussement de les avoir
fabriquées lui-même. Mais le philosophe, qui
savait à quoi s'en tenir sur cette accusation,
crut sincèrement, à tort ou à raison, qu'elles
venaient de La Beaumelle. Aussi fit-il à ce

dernier une réponse dont il est même difficile
d'excuser la violence. Affirmer, par exemple,
de La Beaumelle que par distraction :

« Il prend d'autrui les poches pour les
siennes, » c'est dépasser sans contredit les
bornes de la discussion permise.

Du reste, tout n'était pas profit pour Voltaire dans son commerce avec la cour de Frédéric :

« C'est là, sans doute, dit fort bien M. Brunetière, à Postdam, à Berlin, qu'il avait puisé
cette science de la réalité, cette défiance ou
même ce dédain des idées et des maximes gé-
nérales, ce goût du détail, ce souci de l'exac-
titude et cette précision du langage qui sont,
comme historien, son vrai titre de gloire et de
supériorité... Mais ce furent surtout ses qualités — et ses défauts aussi — de polémiste et
de pamphlétaire que les libres propos des sou-
pers de Postdam aiguisèrent. Auprès de Frédéric il se perfectionna dans l'art de mentir
sans scrupule, de plaisanter avec cynisme,

dans cet art difficile, mais grossier, de prolon-
ger, de soutenir le sarcasme, et dans cette
habitude honteuse de n'adorer que le succès,
de ne respecter que la victoire, de ne redouter
que la force. Dans cette grande caserne, il
acheva d'enrichir son vocabulaire, déjà si riche en injures, des expressions, des polisson-
neries, et des gros mots du corps de garde.
C'est là qu'il apprit à qualifier un Jean-Jac-
ques « de bâtard du chien de Diogène », un
La Beaumelle, un Fréron, tant d'autres encore, en des termes qu'on n'oserait transcrire,
et qu'il échangea, pour une licence toute sol-
datesque, cette aristocratie de langage et cette
élégance de style dont il avait jadis donné le
ton aux salons de Paris. »

M. Nisard avait dit avant M. Brunetière :

« Frédéric, c'est le grand corrupteur de
Voltaire... De tels amis n'ont pas pu se faire
de bien... mais celui qui a le plus perdu dans
ce commerce entre inégaux, c'est l'écrivain.

Aussi, le désenchantement vint vite pour Voltaire. L'égoïsme tyrannique de Frédéric, l'ardente susceptibilité de l'écrivain, amenèrent bientôt des refroidissements, des brouilles suivies de réconciliations mal assurées. Sans doute, ils ne purent s'empêcher d'avoir un attrait l'un pour l'autre. Le philosophe et le roi renouèrent plus tard, et de loin ; mais Voltaire ne pardonna qu'à demi : on peut s'en convaincre par la lecture de ses terribles *Mémoires secrets*. On sait, d'ailleurs, que Voltaire s'était vite fatigué à corriger la prose et à redresser les vers du roi. Il avait dit un jour qu'il en avait assez « du linge sale à laver. » De son côté, Frédéric avait dit : « Laissez faire, on presse l'orange et on la jette quand on a avalé le jus. » Voltaire n'attendit pas et résolut, dès lors « de mettre en sûreté les pelures de l'orange. »

« Echappé des griffes prussiennes, dit M. H. Martin, Voltaire se fit une solitude éclatante pour agir. Les Délices et Ferney lui firent comme un petit royaume. Toute l'Europe le voyait de loin, assis, comme le dieu des tempêtes, entre les Alpes et le Jura ; et la philosophie eut son lieu de pèlerinage, où les adeptes des idées nouvelles devaient, durant vingt ans et plus, venir saluer leur patriarche, et où affluèrent jusqu'aux souverains. »

C'est, en effet, de sa retraite de Ferney que Voltaire étonne et remue le monde, pendant vingt-trois ans, par des écrits plus nombreux, plus variés, plus hardis que jamais. Entre tant d'œuvres, il faut choisir celles qui se rapportent plus spécialement à notre sujet. Tel est son *poème sur le désastre de Lisbonne,* ou examen de cet axiôme : tout est bien ; — production poétique courte et grave tout à la fois, qui fit beaucoup de bruit. On connaît ces beaux vers :

« Un jour tout sera bien » : Voilà notre espérance.
« Tout est bien aujourd'hui » : Voilà l'illusion.
Les sages me trompaient et Dieu seul a raison.

J.-J. Rousseau publia aussitôt contre ce

poème une réfutation chaleureuse. Dès lors,
l'opposition entre eux ne cessa de s'aggraver,
et plus tard un autre poème de Voltaire, *la
guerre civile de Genève*, montre le degré
d'exaspération où elle était parvenue. Dans
ce tableau héroï-comique des amours de Co-
velle, condamnées par l'austère république,
Voltaire met en scène l'illustre misanthrope
avec sa triste compagne, et l'un et l'autre sous
des traits injurieux.

Mais il est une œuvre de Voltaire qui enve-
loppe, pour ainsi dire, toutes les autres, et qui
leur sert, comme à sa vie elle-même, de per-
pétuel commentaire : c'est sa correspondance,
trésor inépuisable de souvenirs, d'idées, d'esprit, de bon sens, de verve excessive parfois,
de naturel toujours et souvent d'éloquence.
Ses écrits de polémique courante sont innom-
brables, et presque tous supérieurs.

« S'il y avait à préférer dans l'excellent, dit
M. Nisard, je préférerais dans les lettres de
Voltaire celles dont le sujet est littéraire. Je

voudrais qu'on en fît un recueil. Ce cours de
littérature sans plan et sans dessein, cette
poétique sans dissertation, cette rhétorique
sans règles d'école, seraient un livre unique.
Voltaire parle des choses de l'esprit comme on
parle entre honnêtes gens qui songent plus à
échanger des idées agréables qu'à se faire la
leçon. Les genres sont sentis plutôt que défi-
nis, et leurs limites plutôt indiquées comme
des convenances de l'esprit humain que jetées
en travers des auteurs comme des barrières.
Le goût n'est pas une doctrine, encore moins
une science ; c'est le bon sens dans le jugement des livres et des écrivains... Aussi, je ne
sache pas de meilleur guide que sa correspondance pour apprendre à lire et à juger les écrivains des deux derniers siècles et Voltaire lui-
même. Il a vu tous ses côtés faibles ; et comme
s'il eût trouvé moins dur d'aller au-devant de
la critique que de l'attendre, il a fait sa propre confession. Il aimait si peu les censeurs
qu'il était homme à leur enlever par malice la

8*

primeur de leurs critiques, et à garder sur eux
l'avantage de voir ses propres défauts avant
eux. Peut-être par une dernière illusion de
l'amour-propre, espérait-il qu'on le défendrait
contre ses scrupules, et que ses péchés avoués
lui seraient remis. En tout cas, on n'a pas besoin de chercher des témoins pour lui faire
son procès : on a les aveux du coupable. »

Concluons de cette étude que ce qui frappe
par dessus tout dans Voltaire, c'est l'action
qu'il lui a été donné d'exercer non moins dans
les Lettres que dans la philosophie. Jamais
homme de lettres n'avait eu une telle influence.
Il est le souverain de son siècle, et Frédéric,
en donnant, un siècle à l'avance, un titre à
l'ouvrage d'Arsène Houssaye, en l'appelant
« le roi Voltaire », lui avait donné son vrai
nom. Aussi ses plus illustres ennemis n'ont-
ils pu se défendre de l'admirer, et même leur
chef, Joseph de Maistre, pour conclusion des
plus ardentes invectives, proposera de lui
élever une statue... par la main du bourreau !

Au-dessous de Voltaire, à différents degrés, il faut placer les autres critiques du xviiie siècle, tels que : l'étincelant Diderot, le savant d'Alembert, l'emphatique Buffon, le compassé Marmontel, le consciencieux La Harpe, la brillante Mme de Staël, le mobile Chénier ; puis des professeurs, publicistes et journalistes, comme Lemercier, Benjamin Constant, Feletz, Hoffmann, Geoffroy, prédécesseurs immédiats de notre temps.

Déjà nous avons signalé la régénération que Diderot tenta dans l'art dramatique et dont il exposa brillamment la théorie. Ses idées, qu'il voulut inaugurer par des œuvres, et qu'il défendit avec ardeur, n'eurent point en France, de son vivant, le succès qu'il en attendait. Mais elles passèrent en Allemagne, où elles firent fortune, pour reparaître chez nous, cinquante ans plus tard, dans les manifestes de l'école romantique.

Ce que nous ne devons pas omettre de rappeler, c'est que l'honneur de l'Encyclopédie revient particulièrement à Diderot. C'est lui qui en eut l'idée, qui trouva un éditeur, des collaborateurs, des souscripteurs. Et si l'Encyclopédie fut continuée, terminée, c'est encore grâce à Diderot. Dès 1759, d'Alembert, dont il estimait surtout la collaboration, s'était retiré, fatigué sans doute des persécutions, des calomnies sans nombre lancées contre l'ouvrage et les rédacteurs. Rousseau aussi s'était séparé avec éclat, et, dit un critique, « ses cris emportés se joignaient aux sourdes menaces des intolérants. » Ceux-ci n'épargnaient point Diderot ; on l'outrageait dans des poèmes orduriers, on le baffouait en plein théâtre ; il était vilipendé dans les libelles des Chaumeix, des Fréron, des Palissot. Il pouvait craindre pour sa tête. Voltaire lui offrit un abri ; l'impératrice de Russie l'appela auprès d'elle. Il resta, attendant, impassible ; et il écrivit un jour à Voltaire cette lettre qui mérite d'être rapportée :

« Je connais tous les dangers dont vous me

parlez... Mais que voulez-vous que je fasse
de l'existence si je ne puis la conserver qu'en
renonçant à tout ce qui me la rend chère ? Et
puis je me lève tous les matins avec l'espérance
que tous les méchants se sont amendés pendant
la nuit, qu'il n'y a plus de fanatiques, que les
maîtres ont senti leurs véritables intérêts, et
qu'ils reconnaissent enfin que nous sommes
les meilleurs sujets qu'ils aient. C'est une
bêtise, mais c'est la bêtise d'une belle âme
qui ne peut croire longtemps à la méchanceté...
Si j'avais le sort de Socrate, songez que ce
n'est pas assez de mourir comme lui pour mériter de lui être comparé. »

Les contemporains appelaient Diderot le
philosophe; Voltaire le saluait du nom de
Platon ; quant à lui, il prenait volontiers celui
de Socrate, comme il lui arrive encore de le
faire dans cette lettre que nous venons de re-
produire.

Nous savons que d'Alembert s'était retiré
de l'Encyclopédie bien avant son achèvement.

Le nom de d'Alembert n'en reste pas moins inséparable de celui de Diderot. En réalité, si ce fut Diderot qui conçut le projet de ce vaste répertoire des connaissances humaines, ce fut d'Alembert qui en traça le plan et en indiqua l'esprit dans ce fameux *Discours préliminaire* qui devait ouvrir à l'auteur les portes de l'Académie en 1754. D'un seul coup, ce Discours établit hautement la réputation de d'Alembert, non seulement en France, mais à l'étranger. On lui proposa tour à tour l'éducation du grand duc de Russie, avec 100,000 livres de rente, et la présidence de l'Académie de Berlin.

Vingt-cinq ans plus tard, le Satirique Gilbert dira :

> Et ce froid d'Alembert, chancelier du Parnasse,
> Qui se croit un héros et fit une préface !

Cette préface est restée et restera au nombre des ouvrages qui honorent le plus la pensée humaine.

Plusieurs littérateurs ont vivement critiqué les opinions de d'Alembert en matière de goût. Villemain a été jusqu'à dire, sans restrictions, qu'il en avait traité « avec des vues étroites, mesquines, paradoxales, sans être piquantes. » Cette opinion paraît sévère. Sans prétendre que d'Alembert soit un grand écrivain, il faut lui reconnaître les qualités d'un bon écrivain et le rare mérite de s'être apprécié à sa juste valeur dans le mémoire qu'il composa sur lui-même, et où il se juge ainsi :

« Son style serré, clair et précis, ordinairement facile, sans prétention, quoique châtié, quelquefois un peu sec, mais jamais de mauvais goût, a plus d'énergie que de chaleur, plus de justesse que d'imagination, plus de noblesse que de grâce. »

Parmi les nombreux ouvrages ou opuscules de d'Alembert, celui qu'il conviendrait peut-être de placer en première ligne et qui eut un grand retentissement à l'époque où il parut, c'est l'*Essai sur la société des gens de let-*

tres avec les grands. « C'est là, dit M. P. Albert, qu'il faut chercher d'Alembert écrivain, c'est là qu'il a tout son prix. » Condorcet avait dit : « Peut-être devons-nous en partie à cet ouvrage le changement qui s'est fait dans la conduite des gens de lettres : ils ont senti enfin que toute dépendance personnelle d'un Mécène leur ôtait le plus beau de leurs avantages, la liberté de faire connaître aux autres la vérité, lorsqu'ils l'ont trouvé. »

Un mot sur Palissot, à propos de l'Encyclopédie. Si nous en parlons, c'est qu'en 1760, son nom fit quelque bruit, quoique depuis, la postérité l'ait justement remis à sa place. Avant tout, soucieux de son existence, comme Desfontaines, il voulut manger à deux rateliers. Il conçut le hardi projet d'être le protégé de Voltaire et l'ennemi des philosophes. En même temps qu'il adressait des lettres adulatrices au patriarche, il attaquait l'Encyclopédie et offrait sa plume à Fréron, avec qui il fit campagne dans l'*Année littéraire*. Son pamphlet, intitulé *Petites lettres contre de grands philosophes*, était fort agréable, très méchant, sans aucune bonne foi. Il attaquait surtout Diderot, et traitait d'emphase et de galimatias son éloquence et son enthousiasme.

A Palissot, opposons un nom plus respectable dans la critique, celui de Morellet, qui écrivit précisément la *Vision de Palissot*, petit chef-d'œuvre où l'auteur, en quelques strophes, représente Palissot, dans son galetas, les dents longues, rêvant une œuvre qui lui donne de quoi dîner.

L'abbé Morellet écrivit entre autres volumes ses *Mélanges de littérature et de philosophie du* xviiie *siècle,* et des *Remarques critiques et littéraires sur la prière universelle de Pope.* Il se fit en plusieurs circonstances le défenseur de Voltaire, qui, par allusion à son talent de polémiste, l'appelait l'abbé *Mords-les.* C'est de lui que Marie-Joseph Chénier disait :

Enfant de soixante ans qui promet quelque chose !

9

Il est vrai qu'il vécut jusqu'à 93 ans. Saluons en passant Buffon, car c'était un rude travailleur que celui qui pouvait dire : « J'ai passé cinquante ans à mon bureau ! »

Nous n'avons pas à rechercher dans Buffon la valeur et l'originalité du savant. Il eut l'incontestable mérite de conquérir, par les grâces de son style, un public à la science. « Buffon, dit avec raison M. Villemain, par le caractère seul de ses recherches, la sublimité de ses conjectures, de ses paradoxes même, agitait les esprits, appelait de loin les découvertes et créait ce qu'il ne savait pas encore. » On sait le mot échappé à Voltaire un jour qu'on citait devant lui l'*Histoire naturelle :* « Pas si naturelle ! » — dit-il, en faisant allusion au style de Buffon. On connaît aussi ce vers satirique du même Voltaire à Buffon :

« Dans un style ampoulé, parlez-nous de physique. »

Mais Buffon appartient spécialement à la critique par son *Discours de réception à l'Aca-*

démie française, qualifié d'ordinaire plus briè-
vement de *Discours sur le style*. Il définit le
style : « l'ordre et le mouvement qu'on met
dans ses pensées. » C'est une idée, toute cartésienne et classique, qui fait de Buffon un
écrivain du xvii° siècle par le style, quoiqu'il
soit du xviii° par certaines vues nouvelles. Son
discours n'est qu'un commentaire du « lucidus
ordo » d'Horace.

Le style de Buffon amène facilement dans
l'esprit une comparaison avec celui de Marmontel.

« Le xviii° siècle sans Marmontel, a-t-on
dit, ne serait pas complet. On ne le lit plus
guère, mais on l'a lu avec passion, autant que
Voltaire et que Rousseau, plus que Montesquieu et que Condillac. » Il fut lié avec Voltaire qui l'avait lancé et recommandé à toutes
les personnes qui pouvaient lui être de quelque secours, ainsi qu'avec Diderot et la plupart des encyclopédistes. Mais, en homme
heureux et adroit qui craint de se compromet-

tre, en véritable type de l'homme de lettres qui veut faire son chemin, il ne donna à l'Encyclopédie que des articles de pure littérature. Ces remarquables articles furent réunis sous le titre d'*Éléments de littérature*. « Marmontel, dit M. Villemain, avait beaucoup d'esprit, mais il en abusa d'abord pour se former des erreurs systématiques auxquelles il renonçait avec peine..... Son ouvrage (*Éléments de littérature*), quoiqu'il renferme les noms et quelquefois la censure de plusieurs contemporains, appartient entièrement à cette haute critique qui n'est que la théorie raisonnée des beaux-arts.... Il y a des paradoxes. L'auteur rencontre souvent des idées fausses, parce qu'il cherche trop les idées neuves ; mais il présente beaucoup d'instruction, et ses erreurs font penser. »

« Comme humaniste, dit M. P. Albert, Marmontel est bien supérieur à la Harpe ; s'il ne sait pas mieux le grec, alors peu à la mode, la langue latine lui est bien plus familière. »

Patronné par Voltaire, La Harpe chercha
si bien à l'imiter qu'il s'attira le titre de « singe
de Voltaire. » Il eut d'ailleurs bien des ennemis, et on a retenu ces vers de Gilbert :

C'est ce petit rimeur, de tant de prix enflé,
Qui, sifflé pour ses vers, pour sa prose sifflé,
Tout meurtri des faux pas de sa muse tragique,
Tomba de chute en chute au trône académique.

Le meilleur ouvrage de la Harpe, ou du
moins celui qui a le plus longtemps fait vivre
son nom, c'est son *Lycée ou cours de littérature.* Le point de départ surtout en est intéressant, car c'est La Harpe qui eut l'honneur
de fonder en France l'enseignement supérieur
libre. Son *Lycée* n'est que le résumé des leçons de littérature inaugurées à l'usage des
gens du monde, dans un vaste local où il at-
tirait un auditoire considérable, au coin de la
rue de Valois et de la rue Saint-Honoré. « Ce
n'est pas un critique curieux et studieusement
investigateur que La Harpe, — dit M. Sainte-
Beuve ; — c'est un professeur pur, lucide,

animé..... Il était excellent pour donner aux
esprits une première et générale teinture.....
Il est bon en un mot d'avoir passé par La
Harpe, même quand on doit bientôt en sortir. »

De La Harpe à Mme de Staël, il y a un pas
assez long. Franchissons-le d'un pied gai et
alerte. Elle est déjà de notre siècle. On sait
comment la fille unique du célèbre ministre
des finances de Louis XVI, Necker, fut initiée,
dès l'enfance, aux plus graves questions littéraires. Elevée sous la double influence d'une
mère protestante, d'un rigorisme excessif, et
des écrivains philosophes qui fréquentaient les
salons de son père, tels que Thomas, Raynal,
Grimm, Marmontel, elle s'éprit d'un culte fa-
vori pour Montesquieu, et dès l'âge de quinze
ans, elle présentait à son père les réflexions
personnelles dont elle avait accompagné certains extraits de l'*Esprit des Lois*. Aussi lorsque Mme de Staël fut présentée à la cour, elle
y était précédée par une réputation éxtraordi-

naire d'esprit. Ces fleurs tinrent leur promesse et donnèrent des fruits. Elle devint après son mariage le centre d'un grand mouvement d'action politique et littéraire. Loin d'abattre son esprit, les vicissitudes de l'exil le relevèrent et l'aiguisèrent davantage. C'est même au milieu de cette vie errante et de ces épreuves qu'elle produisit ses plus beaux ouvrages, accueillis avec admiration et enthousiasme.

Ce fut d'abord son livre : *De la littérature*, qui faisait dire à Palissot, non sans vérité : « Il n'est point de livre dont on puisse extraire autant de pensées détachées, dignes d'un souvenir. » L'une de ces pensées qui souleva peut-être le plus de clameurs, est celle qui paraît dominer tout l'ouvrage : la perfectibilité de la littérature.

Violemment attaquée par quelques-uns, Mᵐᵉ de Staël se défendit assez faiblement. La réponse qu'elle fit dans la préface de la deuxième édition est quelque peu dédaigneuse :

« Certains littérateurs, dit-elle, veulent nous persuader que le bon goût consiste dans un style exact, mais commun, servant à revêtir des idées plus communes encore. » C'est précisément le contre-pied de ce qu'elle enseigne dans son livre, où elle dit : « Les âmes fortes veulent exister, et pour exister, en lisant, il faut rencontrer dans les écrits des idées nouvelles ou des sentiments passionnés. » Toutefois tous les adversaires de Mᵐᵉ de Staël n'étaient pas à mépriser : il suffit de nommer Châteaubriant, qui fit la critique de son livre dans le *Mercure*, sous forme de *Lettre à M. de Fontanes.*

La personnalité de Mᵐᵉ de Staël s'affirma avec plus d'autorité encore dans son livre : *De l'Allemagne.* En général, sa critique, inexacte parfois et aventureuse, était avant tout libérale, ouverte, hospitalière. Mais elle prend dès lors un caractère de profondeur et de finesse, une élévation de vues et de principes, qui font de ce livre l'un des plus remarquables sortis de la main d'une femme, et ouvrant à la critique les plus larges horizons.

« Alors, dit Paulin Limayrac, commença ce mouvement qui aurait pu être si fécond et qui poussa tant de bons et brillants esprits à remonter aux sources véritables de l'antiquité, à étudier nos propres origines, si longtemps négligées, et les littératures étrangères si longtemps méconnues. Poètes et critiques travaillèrent à l'œuvre d'un commun accord. »

C'est vrai, c'était un commencement, mais ce n'était que cela. C'était l'annonce, et comme l'aurore, d'un grand siècle pour la critique, aurore terne et pâle, critique étroite, mesquine, sans originalité, disons le mot, critique officielle.

C'était l'heure où Joseph Chénier inspirait à M\^{me} de Staël le portrait qu'elle traçait de lui : « C'était un homme d'esprit et d'imagination, mais tellement dominé par son amour-propre qu'il s'étonnait de lui-même, au lieu de travailler à se perfectionner. »

9*

C'était l'heure où Lemercier, qui eut, entre autres mérites, celui de laisser son siége à Victor Hugo, à l'Académie, — bien involontairement puisqu'il lui refusa constamment sa voix, — pouvait se borner à dire de lui-même dans son épitaphe :

Il fut homme de bien et cultiva les lettres.

C'était l'heure où Benjamin Constant publiciste infatigable, brillait par son talent de conversation.

C'était l'heure où l'abbé de Feletz, d'une politesse féline, d'une bienveillance fine et railleuse, entrait au *Journal des Débats*. Ses articles, signés de la lettre A, tendaient comme ceux de Dussault, d'Hoffmann, de Geoffroy qui attaquait Voltaire avec acharnement, à défendre les doctrines classiques contre les innovations.

C'était l'heure où M. de Fontanes occupait le Mercure et y défendait la morale.

C'était l'heure où mourut Rivarol, qui s'était bien jugé lui-même en définissant son talent : « un art mêlé d'enthousiasme. » Véritable type de l'esprit français, dans ses qualités et ses défauts, doué d'un goût vif et pénétrant, Rivarol eût été l'un des juges littéraires les plus éminents de la fin du dernier siècle, s'il n'avait pas tant manqué de volonté, s'il ne s'était pas gaspillé, dissipé, tout comme un journaliste de ce temps-ci.

C'était l'heure où Dussault, l'un des critiques les plus autorisés de l'époque, écrivait, en 1806 : « Rien n'égale la stérilité de la littérature actuelle. A peine çà et là quelques romans ou quelques petits poèmes qui n'ont un moment d'existence que pour être aussitôt replongés dans le néant par le ridicule. » C'est qu'en effet il n'y avait plus rien, absolument rien. Et pourtant, sur le trône, il y avait, sinon un Auguste ou un Louis XIV, du moins un Napoléon !

Madame de Staël avait eu raison de dire : « Il faut à une société nouvelle une littérature nouvelle. »

CHAPITRE V

LA CRITIQUE AU XIXe SIÈCLE

L'empereur professait sur les poètes l'opinion de Louis XIV. Il ne les considérait que comme des accessoires de sa gloire, mais accessoires nécessaires pour la célébrer. Il fit donc appeler le grand maître de l'université, M. de Fontanes, dont les mauvais plaisants — il y en eut toujours, — s'amusaient à décomposer le nom pour le traduire de cette sorte : « faciunt asinos. » Il le chargea de découvrir des Corneille. Mais les Corneille ont besoin, pour naître, vivre et grandir, de l'air, de la liberté, et en fait de Corneille on décou-

vrit Luce de Lancival, auteur d'*Hector*. Mieux
eût valu choisir Delille, qui était un versificateur ingénieux, usant et abusant de la description et de la périphrase, et pourtant la plus
grande gloire littéraire de ce temps.

Quelque tristesse que nous coûte cet aveu,
il faut bien reconnaître que la France ne pouvait montrer alors que de pâles décalques des
Maîtres ; et, pendant ce temps Gœthe et Schil-
ler illuminaient l'Allemagne, Byron révolu-
tionnait littéralement l'Angleterre.

Puis, voilà que tout à coup, vers la fin de
la période impériale, l'activité devient plus fé-
conde. En dehors de la littérature officielle,
toujours roide et comme momifiée, un courant
souterrain se fait jour. B. Constant, par la
publication de son roman d'*Adolphe* est l'un
de ceux qui prennent la tête de l'école libérale. Pendant que madame de Staël apporte
son puissant et brillant concours, Châteaubriant lance coup sur coup le *Génie du Christianisme*, *Atala*, *Réné*, le *Paradis perdu*,

les *Martyrs*. L'ère de la rénovation est ouverte.

« Bientôt, dit Sainte-Beuve, il se forme dans
des boudoirs aristocratiques une sorte de société
d'élite, une espèce d'hôtel de Rambouillet,
adorant l'art à huit clos, cherchant dans la
poésie un privilège de plus, rêvant une cheva-
lerie dorée, un joli moyen-âge de châtelaines,
de pages et de marraines ; un christianisme
de chapelles et d'ermites. » On reconnaît bien
là l'influence de Châteaubriant.

Ce fut bien autre chose en 1820 et en 1823,
quand Lamartine fit paraître ses *Méditations*.
Cette corde intime de la poésie personnelle,
qui s'abandonne à ses sentiments, vibrait pour
la première fois. On n'en connaissait pas encore les accents. Aussi, la surprise fut extrême.
Vers le même temps, paraissait un autre recueil de poésies. C'était un volume d'*Odes*.
L'auteur avait seize ans à peine. Il s'appelait
Victor Hugo.

Ces œuvres affirmaient victorieusement une

autre esthétique, une nouvelle forme poétique.
C'était une révolution !

Elle eût pu s'accomplir pacifiquement. Les
représentants des procédés classiques et de la
traditon du xviie et du xviiie siècle se soulevèrent avec indignation. S'abritant derrière les
grands noms de Racine et de Boileau, ils en-
tamèrent résolûment la lutte. Comme toujours,
il y eut des excès, des violences extrêmes. De
part et d'autre, on se laissa entraîner beaucoup plus loin qu'on n'aurait voulu.

Nous avons vu comment, pour les classiques, d'après la philosophie cartésienne, le
beau idéal est immuable, comme la vérité dont
il est l'expression. Pour eux la perfection est
absolue et n'a point d'âge, de sorte que si cent
personnes avaient à exprimer la même idée,
ces cent personnes, pour l'exprimer *parfaite-
ment*, l'exprimeraient dans les mêmes termes.

Le romantisme, au contraire, réclamait pour
l'inspiration toute liberté, proclamant que la

poésie est perfectible et change avec les temps
et les pays. Au fond, les romantiques disaient :
« Les classiques du XVII° siècle ont eu leur
heure suprême et légitime de gloire, mais ils
ont fait leur temps. Ceux du XVIII° ont voulu
suivre les traces de leurs devanciers et ont fait
moins bien qu'eux. Si nous sommes condam-
nés à suivre la même voie, nous ferons moins
bien encore. Sortons-en ! » Et ils en sont sortis, et au lieu de s'inspirer de l'idéalisme cartésien, ils se sont lancés à la suite du réalisme
philosophique, ils se sont attachés à l'étude et
à l'expression de la nature dont les classiques
ne s'occupaient guère, et en fouillant dans le
passé, ils se sont épris d'enthousiasme pour
le moyen-âge, dont Boileau semble à peine
avoir soupçonné l'existence.

Sans doute les romantiques n'ont point formulé si nettement leur doctrine, mais ils sen-
taient cela d'instinct, et c'est ce qui souleva
contre eux tant de clameurs.

Lemercier ne songeait à rien moins qu'à

appeler sur eux les sévérités du parquet. Il
s'écriait :

Avec impunité les Hugo font des vers !

On alla jusqu'à chercher de tous côtés un
Molière pour les livrer à la risée publique. Le
Constitutionnel ouvrit ses colonnes à ces ré-
clamations. A quoi M. Duvergier de Hauranne,
le futur collègue de V. Hugo à l'Académie et
qui eut la sincérité de lui refuser constamment
sa voix, répondit : « Le romantisme n'est pas
un ridicule, c'est une maladie, comme le som-
nambulisme ou l'épilepsie. Un romantique est
un homme dont l'esprit commence à s'aliéner.
Il faut le plaindre, lui parler raison, le ramener peu à peu. Mais on ne peut en faire le sujet d'une comédie ; c'est tout au plus celui
d'une thèse de médecine. »

Victor Hugo ne s'effraya point et attaqua
l'ennemi de front. Joignant l'habileté au talent, il se garda bien de nier les mérites des
maîtres passés, Corneille, Racine, Molière,
qu'on lui opposait sans cesse, — il les esti-

mait trop pour cela, — il les proclama au contraire, plus hautement que ses adversaires. Mais, avec une concentration merveilleuse, résumant l'histoire de la poésie, il écrivit, dans sa préface de Cromwell :

« La poésie a trois âges, dont chacun correspond à une époque de la société ; l'ode, l'épopée, le drame. Les temps primitifs sont lyriques, les temps antiques sont épiques, les temps modernes sont dramatiques. L'ode chante l'éternité, l'épopée solennise l'histoire, le drame peint la vie. Le caractère de la première poésie est la naïveté, le caractère de la seconde est la simplicité, le caractère de la troisième, la vérité.... La poésie de notre temps est donc le drame.... Tout ce qui est dans la nature est dans l'art. »

Ce manifeste était précis. Il ouvrit la voie et commença même à la déblayer. A côté de Victor Hugo, de Lamartine, d'Alfred de Vigny, toute une pléiade ardente et jeune se ruait à la bataille de l'indépendance de l'art.

Ces grandes luttes des classiques et des romantiques soulevèrent et armèrent des légions. Sainte-Beuve, Théophile Gauthier, Dumas, Mérimée, Alfred de Musset, Jules Janin, Charles Nodier, Emile et Antony Deschamps, et bien d'autres parmi lesquels nous n'osons pas choisir dans la crainte de trop exclure, travaillèrent avec succès à la rénovation des lettres dans tous les genres : poésie lyrique, drame, roman, histoire même.

C'étaient des révolutionnaires et ils étaient jeunes. La *Muse Française* enregistrait leurs manifestes, et ils allaient intrépidement de l'avant, poussant même leurs chefs au combat, et au besoin les dépassant par l'exagération de la théorie et des œuvres. On eût dit qu'ils avaient pris pour devise ce mot de Voltaire : « L'extravagant vaut mieux que le plat. »

Ce n'est pas sans raison que dans le cours de cet ouvrage nous avons multiplié les citations des auteurs contemporains. Ayant à les apprécier comme critiques, nous n'avons pas cru pouvoir mieux faire que de donner, à l'occasion, des extraits de leurs œuvres. C'est abréger d'autant l'étude que nous allons leur consacrer.

Du reste, pour se mettre au pas avec la production et aller aussi vite, la critique a été obligée de chercher une méthode expéditive. C'est surtout dans les revues et journaux qu'elle porte des arrêts à jour fixe, s'occupant principalement de l'actualité, qui ne laisse guère de loisir aux retours en arrière.

On conçoit d'ailleurs que nous ne pouvons passer en revue tous les critiques dont la littérature relève aujourd'hui. Le nombre en est tel que le vertige vous prend, rien qu'à se rappeler, de loin ou de près, leurs noms et leurs titres. Jamais sans doute on n'a formulé tant d'arrêts que par ce temps de journalisme triomphant. A une heure donnée, tout ce qui tient une plume se transforme en juge du Parnasse.

Il est une autre difficulté, bien plus grande encore. Pour un grand nombre d'écrivains du xix° siècle, l'heure du jugement dernier, qui est aussi, dit-on, le jugement général, n'est pas venue. Nous ne sommes, nous, historiens d'aujourd'hui, que l'avant-garde de la postérité.

A cette époque, la Sorbonne brille d'un éclat qu'elle ne connaissait pas encore. La critique se ranime et s'élargit. Elle devient une partie de l'histoire générale dans les éloquentes leçons de M. Villemain. « M. Villemain, — dit Gustave Planche, — a labouré dans tous les sens le terrain de l'érudition. Doué d'une mémoire prodigieuse, habile à saisir des rapports inattendus, il étonne le lecteur par la multiplicité des rapprochements en même temps qu'il le charme par la grâce du langage, par le choix des images, par l'élévation constante de la pensée. Si parfois il se laisse aller à la malice de son esprit, il n'en abuse jamais et sait toujours s'arrêter à temps,

preuve inestimable d'une modération qu'on
ne peut trop louer. Il ne veut pas amuser, il
veut instruire. Il ne se contente pas de nous
révéler sa pensée, de nous la présenter sous
une forme claire et précise, il ne s'attache pas
avec moins de soin, avec moins de constance,
à déposer dans l'âme du lecteur le germe des
idées qu'il s'abstient d'exprimer. Il se plaît à
exciter l'intelligence, à lui désigner des voies
nouvelles... La place réservée à M. Villemain
dans l'histoire de notre littérature n'est pas difficile à marquer ; il occupe aujourd'hui, et
gardera sans doute longtemps encore, le premier rang dans la critique. Personne mieux
que lui ne sait animer l'analyse. Si quelquefois
on a pu sans injustice lui reprocher un peu de
timidité dans l'exposition de ses doctrines, il
a racheté cette faute par les services immen-
ses qu'il a rendus à la cause du bon goût et
du bon sens. Nourri des lettres antiques, il a
compris la nécessité d'élargir l'horizon de sa
pensée par l'étude assidue des littératures mo-

dernes ; il a multiplié les points de comparaison et s'est fait, avec un art merveilleux, un
goût cosmopolite. Il n'y a pas une nation de
l'Europe dont il ne comprenne le génie. »

Dans la *Revue politique et littéraire* du 3
juin 1876, M. Eug. Despois consacre à
M. Villemain un article remarquable. Il rap-
pelle comment, de l'aveu de tous les contemporains, le don de parler avec une verve en-
traînante, avec une vivacité pleine de grâce
et d'imprévu, était chez M. Villemain quelque
chose de surprenant.

A vrai dire, l'intérêt qu'excitaient les leçons
de M. Villemain et l'affluence qu'elles attiraient, étaient autant de griefs contre lui. On
lui reprochait d'introduire dans l'enseignement un genre, non-seulement instructif,
mais attrayant. Nous ne voyons pas en quoi il
fut coupable pour cela, mais c'était sans doute
une offense personnelle que ne pouvaient pardonner facilement les partisans intéressés du
genre ennuyeux.

En même temps que M. Villemain, M. Guizot, dans ses leçons sur l'*Histoire de la civilisation en Europe*, faisait admirer, à côté d'une science étendue et solide, une rare sûreté de déduction philosophique, et M. Cousin inaugurait également, en 1827, ces trois années d'éloquence où la Sorbonne fut une arène ouverte à toutes les idées. Pendant ces trois ans, M. Cousin retint sous la fascination de son génie l'élite de la jeunesse française. Dès lors, et après sa retraite, il s'occupa active ment des questions de critique littéraire. Laissons parler M. Sainte-Beuve.

« La rénovation introduite par M. Cousin dans la critique littéraire, dit-il, consiste précisément à traiter la période du xvii° siècle comme si elle était déjà une antiquité, à en étudier et au besoin à en restaurer les monuments comme on ferait en matière d'archéologie... Nul mieux que lui n'avait mission pour s'éprendre de la langue du grand siècle et pour la revendiquer comme sienne. Il est cer-

tainement de tous les écrivains de nos jours
celui qui en renouvelle le mieux les formes
et qui semble, sous sa plume, en ressusci-
ter le plus naturellement la grandeur. M. Cousin eut de bonne heure un double instinct,
une double passion presque contradictoire. Il
est homme à s'occuper des textes, à rechercher des manuscrits, à s'intéresser à des sco-
lies et à des commentaires, à les transcrire
jusqu'au dernier mot, à ne faire grâce, ni à
lui, ni aux autres, d'aucune variante ni d'aucune leçon ; et tout à travers cela, il s'élève,
il embrasse, il généralise, il a des conceptions
d'artiste et des verves d'orateur. Nous avions
affaire à un texte poudreux et subtil, à quelque obscur parchemin qu'il fallait déchiffrer,
et tout à coup, nous voyons se dresser une
statue. » Tel est, en effet, le charme surprenant
qu'offrent à la critique les œuvres littéraires
de V. Cousin, telles que *La Jeunesse de
Mme de Longueville*, — *Jacqueline Pascal*, —
et toute la suite de ses *Etudes sur les femmes*

et la société du XVIIe *siècle*, auxquels il a consacré les dernières années de sa laborieuse
existence.

Nous voudrions pouvoir consacrer la même
étude à Saint-René Taillandier, qui était non
seulement un écrivain distingué, mais encore
un observateur impartial et généralement bien-
veillant. Il fut l'un des plus actifs collaborateurs de la *Revue des deux Mondes*, et nous
lui devons de remarquables études sur la littérature étrangère, particulièrement sur celle
de l'Allemagne et de la Russie.

M. Cuvillier-Fleury se faisait également remarquer par la pureté, l'élégance, l'ampleur
de son style dans ses articles au *Journal des
Débats*. Ces articles réunis forment plusieurs
volumes, parmi lesquels il faut remarquer ses
Etudes historiques et littéraires.

Doué d'un jugement plein de droiture,
M. Cuvillier-Fleury n'a jamais consulté que
la vérité et sa conscience, et peut se flatter de
n'en avoir reçu que de bons conseils.

Dans son *Cours de littérature dramatique*,
M. Saint-Marc Girardin ramène ingénieuse-
ment l'étude du drame aux passions qui en
sont l'âme. C'est son grand secret qui vient
accroître les autres titres littéraires qu'il s'est
acquis dans le journalisme.

A côté ou au-dessus des tableaux de ces
maîtres de la critique, on aime à voir les portraits de Sainte-Beuve. Qui croirait aujour-
d'hui qu'après avoir été brillant élève au collège Charlemagne, puis au collège Bourbon,
Sainte-Beuve fut étudiant — moins brillant
peut-être — en médecine. Il en a pourtant
gardé quelque chose, car la délicatesse, la
sûreté d'analyse qu'il apporte dans la critique
des œuvres littéraires semblent tenir des procédés de l'anatomie. Quoi qu'il en soit, les études médicales ne satisfaisaient point pleinement à ses goûts, puisque, dans le cours
même de ces études, il commença à écrire des
articles d'histoire, de philosophie et de critique, pour le *Globe*. Cette feuille avait alors

pour directeur M. Dubois, son ancien professeur de rhétorique.

Quelques comptes-rendus sur les productions de l'école romanque, les *Odes et ballades* de Victor Hugo, le *Cinq-Mars* d'Alfred de Vigny, décidèrent de sa vocation. Soit calcul, soit plutôt hasard, il arriva que Sainte-Beuve habita près de Victor Hugo dans la rue de Vaugirard, puis dans la rue de Notre-Dame-des-Champs. Ce voisinage, et plus encore la communauté de goûts littéraires fortifièrent leurs amicales relations. Sainte-Beuve se lança, plus hardiment que jamais, dans le mouvement dont V. Hugo était le chef.

Or, en 1827, l'Académie proposa, pour sujet du prix d'éloquence, le « tableau de la poésie française au XVI° siècle. » Nous savons déjà que les tendances du romantisme étaient toutes en faveur du moyen-âge. Ce sujet convenait donc particulièrement à Sainte-Beuve et devait tenter son ambition. Il n'hésita pas à concourir. S'il n'obtint pas le prix, qui fut partagé entre Philarète Chasles et Saint-Marc Girardin, son travail, entièrement remanié depuis et enrichi, n'en est pas moins l'un des meilleurs ouvrages que l'on possède sur cette partie de notre histoire littéraire.

Un peu plus tard, Sainte-Beuve, qui cherchait toujours « quelque grande âme à épouser », subit profondément l'influence de Lamennais. Ses vues ne s'en trouvèrent que plus élargies.

Sa réputation grandissait, et quand il entra, vers 1834, à la *Revue des deux Mondes*, il pouvait compter sur l'accueil que le public ferait à ses portraits, dont il avait inauguré la série, dès 1829, dans la *Revue de Paris*. Il avait trouvé sa véritable voie. Il ne fit que s'affermir dans cette manière supérieure de peindre, à propos des œuvres, les hommes, leur vie et leur temps. Poète avant d'être critique, il se plut à faire revivre, par mille aperçus fins, ingénieux, nouveaux, dans sa physionomie et dans ses traits, dans son caractère et

10*

son talent, l'original dont il s'empare et avec lequel il converse avant de le suspendre dans sa galerie.

Nous n'avons pas à suivre Sainte-Beuve dans les cours qu'il alla faire à Lausanne, puis à Liège, pas plus que dans son cours de poésie latine au Collége de France, ni même dans les conférences qu'il donna à l'École Normale entre 1857 et 1861.

C'est surtout par ses brillantes *Causeries du lundi*, inaugurées dès 1850 dans le *Constitutionnel*, et continuées plus tard dans le *Moniteur officiel* et dans le *Temps*, que Sainte-Beuve s'est fait une place à part dans la critique. C'est là qu'il surprit ses lecteurs, en les charmant, par l'imprévu de son style parfois bizarre et tourmenté, mais toujours ingénieux et piquant, non moins que par la souplesse et la pénétration de son esprit et par sa manière habile de mêler à la critique la biographie anecdotique.

Parmi les nombreux jugements portés sur

Sainte-Beuve, celui de M. Philarète Chasles nous paraît offrir la plus juste appréciation de ce brillant esprit : « Il effleure tout, illumine tout, ne se contredit jamais, se modifie sans cesse, fait étinceler les points saillants, arrive aux profondeurs, ne s'y attarde pas et ne s'arrête que si un scrupule de millésime ou une erreur de nom propre le met en désarroi. Oh ! alors, c'est une désolation !... mais il se rassérène, il repart, il est parti !... Il entre dans toutes les petites chapelles, dérange tous les sacristains, furette dans tous les coins, met à sac les petits temples, trouve des documents, sème des anecdotes, c'est un miracle !... Le grand Gœthe lisant les premiers essais de Sainte-Beuve, imprimés dans *le Globe* de M. Dubois, avait bien vu cette maîtresse passion d'infatigable enquête. »

Parmi les gloires de Sainte-Beuve, l'une des plus appréciables pour lui fut sans doute de compter M. Renan entre ses amis.

Artiste avant tout, M. Renan traite magistralement toutes les questions philologiques, philosophiques et critiques, et il relève encore la vigueur de ses jugements par le charme et l'imposante beauté d'un style incomparable.

En 1850, l'Académie ouvrait ses rangs à un illustre critique, qui l'emportait d'un grand nombre de voix sur Alfred de Musset. C'était M. Nisard, le prochain successeur de M. Villemain dans la chaire d'éloquence française de la Faculté des lettres.

Nous avons cité souvent les jugements de M. Nisard ; ils ont une valeur qui les met au-dessus de la plupart des attaques qu'ils soulevèrent.

Il avait à peine achevé ses études à Sainte-Barbe, qu'il entra dans le journalisme. Ses premiers essais révélèrent toutes les qualités d'un excellent prosateur nourri des modèles, et sa plume alerte fit pressentir son brillant talent de polémiste.

Essentiellement classique, par instinct ou par réflexion, il s'inscrivit de suite comme

champion du passé. Dans le feuilleton littéraire du National, il déclara la guerre au romantisme. Il lança l'anathème sur les drames
de Victor Hugo et d'Alexandre Dumas ; il les
traita comme des débauches d'imaginations
en délire, indignes par conséquent d'occuper
les esprits sérieux. Dans un manifeste dont le
souvenir n'est pas perdu, il divisa la littérature
en deux camps : la littérature facile, qui peut
produire Henri III, Antony, Marion Delorme,
etc., et la littérature difficile qui ne peut aspi-
rer à d'autre perfection qu'à l'imitation des
épitres de Boileau. En dehors du siècle de
Louis XIV, en deçà de Malherbe et au-delà
de Massillon, il n'y a presque plus rien qui
mérite de fixer l'attention. Il affirme sincèrement que la France, qui se reconnaît si bien
dans Racine, commence à ne plus se reconnaître dans J.-J. Rousseau. Cette tendance in-
diquait une réaction ; réaction provoquée sans
doute par les excès même du romantisme, et
qui ne doit pas nous empêcher d'admirer,

parmi les meilleures œuvres de M. Nisard,
son *Histoire de la littérature française*. On a
dit de cet ouvrage, aujourd'hui encore consulté avec profit, qu'il rappelait trop le fonc-
tionnaire comblé d'honneurs. Nous aimons
mieux nous associer au jugement qu'en porte
Sainte-Beuve : « M. Nisard, dit-il, parle au
nom du sens et du goût, avec instruction, esprit et talent. Son *Histoire de la Littérature*,
et ses *Poètes latins de la décadence*, malgré le
parti pris qui en amoindrit la valeur, sont de
véritables œuvres littéraires. »

N'oublions pas que c'est un romantique qui
parle !

M. Nisard, d'ailleurs, n'entrait point seul
dans l'arène. Sous un autre drapeau politique,
nous rencontrons M. Prévost-Paradol, qui à
l'âge de vingt-six ans était professeur de littérature à la Faculté d'Aix, après avoir été
brillant élève de l'École Normale et lauréat
du concours général. L'un des principaux rédacteurs aux *Débats*, puis à la *Presse*, il écri-

vait en même temps au *Courrier du Diman-che*, que sa collaboration fit supprimer par le régime impérial.

Nous rencontrons également M. de Pont-martin, fécond et agréable peintre de genre, qui de bonne heure consacra son talent à la critique et à l'examen de toutes les questions littéraires que l'actualité soulève au jour le jour.

Entré à la *Revue des deux Mondes*, il y ap-porta, dit Sainte-Beuve, sa plume facile, dis-tinguée, élégante, de cette élégance courante qui ne se donne pas le temps d'approfondir, mais qui sied et suffit à un compte-rendu.

Il ne tarda pas à se distinguer plus brillam-ment par ses *Causeries du samedi*, pu-bliées dans les divers recueils ou journaux auxquels il a collaboré, tels que l'*Union*, la *Revue contemporaine*, le *Correspondant* et la *Gazette de France*, dont ces articles, en dehors de toute question politique, continuent à for-mer l'un des principaux attraits.

Le nom de M. Schérer peut être aussi réclamé par la politique. Il n'est pourtant personne qui puisse lui contester le rang éminent qu'il a conquis parmi les critiques philosophiques et littéraires. Nous ne pouvons que nommer en passant ses remarquables *Etudes critiques sur la littérature contemporaine*, recueil des nombreux articles qu'il a publiées dans le *Temps*.

Entre toutes les réputations qui sont nées et ont grandi au rez-de-chaussée des journaux, il n'est point permis d'oublier celle de M. Jules Janin. Longtemps il a surpassé toutes les autres en popularité. Il crut pouvoir s'appeler lui-même le *prince des critiques*. Ce titre qu'il se donnait généreusement n'était peut-être pas tout à fait conforme aux principes de la modestie, mais il n'était guère contredit par la vérité.

Aussi se plaisait-il, suivant la pensée d'un publiciste, à cabrioler à travers dramès et vaudevilles comme une chèvre en liberté. Son style carillonnait sur toutes choses un peu, excepté souvent sur l'œuvre dont il s'agissait de parler. Avec cela, beaucoup de verve, de brillant, d'humour.

« M. Janin, écrivait Sainte-Beuve dans un de ses premiers lundis s'amuse évidemment de ce qu'il écrit... Il a beaucoup demandé à la fantaisie, au hasard de la rencontre, à tous les buissons du chemin : les buissons aussi lui ont beaucoup rendu. C'est un descriptif que M. Janin, qui vaut surtout par le bonheur et les surprises du détail. Il s'est fait un style qui, dans les bons jours et quand le soleil rit, est vif, gracieux, enlevé, fait de rien, comme les étoffes de gaze, transparentes et légères, que les anciens appelaient de l'air tissé ; ou encore, ce style prompt, piquant, pétillant, servi à la minute, fait l'effet d'un sorbet qu'on prendrait en été sous la treille. »

Plus encore que Jules Janin, mais aussi avec plus d'envergure, M. Arsène Houssaye atteint les sommets de la fantaisie spirituelle.

Sa célébrité date de longtemps déjà. Elle était commencée et assurée lorsque, en 1843, il acheta le journal, l'*Artiste*, à Achille Ricourt, son fondateur. Il eut l'heureuse inspiration de lancer ce journal dans une voie nouvelle et de grouper autour de lui ces écrivains intelligents qui s'appelaient Gérard de Nerval, Gautier, Murger, Champfleury, Monselet, etc.

Nommer Théophile Gautier, c'est faire songer à tout ce qu'il a dépensé par jour d'esprit, de verve, et aussi de science de la langue. Qu'on lise les cinq volumes de l'*Art théâtral en France !* où il a réuni ses meilleurs feuilletons.

C'est surtout, en effet, comme critique dramatique que l'œuvre de Gautier est considérable. On a dit de lui que c'était un critique peu sévère, promenant, avec une complaisance orientale, sa plume chatoyante de la salle de spectacle au salon de peinture. Rien n'est plus vrai. Sa critique se distingue toujours par un grand fonds de bienveillance ;

elle est plus descriptive qu'esthétique, elle raconte plus qu'elle ne juge, mais toujours avec
un charme de style, une richesse d'expression
que peu ont égalés, que personne peut-être
n'a dépassés. Pour s'en convaincre il suffit de
lire ses deux notices, qui sont deux chefs-
d'œuvre, la première sur Lamartine, écrite
au lendemain de la mort du poète, et la seconde qui sert de préface à l'édition des œuvres de Beaudelaire.

C'est encore dans le même ordre d'idées que
nous saluons M. Paul de Saint-Victor, quoique
ici le critique d'art soit peut-être supérieur au
critique dramatique. Mais « nul n'a un vocabulaire plus riche, dit M. Schérer, une plume
qui ressemble mieux à un pinceau, un don plus
enviable de tout voir dans la lumière et la
couleur, et de tout rendre comme il le
voit. »

Ces brillantes qualités, M. P. de Saint-Victor les mit au service du *Correspondant*, de la
Semaine, du *Pays*, de la *Presse,* du *Moniteur*

universel. Il collabora aussi à l'*Artiste* et à la *Liberté*.

Lamartime, qui avait eu d'abord P. de Saint-Victor comme secrétaire, disait un jour de lui en faisant allusion au surprenant éclat de son style : « Chaque fois que je lis de Saint-Victor, je me trouve éteint. »

Paul de Saint-Victor, comme A. Houssaye et Théophile Gautier, est le représentant d'une critique plutôt étincelante que sévère. Il n'en est pas de même de Gustave Planche, de redoutable mémoire, qu'Alphonse Karr avait surnommé plaisamment le *Grand Gustave*. Ce fut pourtant l'un des critiques les plus autorisés de la *Presse* périodique. Il se fit d'abord remarquer par ses comptes-rendus de livres ou d'œuvres d'art dans l'*Artiste* et la *Chronique*, mais surtout au *Journal des Débats* et à la *Revue des deux Mondes*. Personne plus que lui ne contribua au succès de ce recueil. C'est là que, pendant plus de vingt-cinq ans, il prononça ces arrêts profonds et sûrs qui, dans un temps de confusion littéraire, ont contribué à éclairer le goût du public. G. Planche réunissait merveilleusement les principales qualités du critique. Il devait à ses lectures une érudition très variée ; son style était net et précis ; son indépendance et sa loyauté pouvaient passer comme proverbiales. C'est ce qui faisait de lui un adversaire redoutable et à ménager. Ses exécutions impitoyables lui suscitaient bien des ennemis, et on lui reprochait parfois, non sans raison, une sévérité outrée.

On sait l'étroite amitié qui l'unit à George-Sand. Balzac, que Gustave Planche n'avait pas toujours épargné, profita de cette intimité reconnue pour mettre en scène, dans son roman de Béatrix, Planche et Mme Sand sous les noms de Claude Vignon et Mlle des Touches. Mais le même Balzac, quand il acheta la *Chronique de Paris*, s'empressa de s'attacher Planche comme collaborateur, moins sans doute par admiration pour son talent que par crainte de ses attaques.

La critique vit alors se fonder une nouvelle école qui eut pour chef M. Taine. Son nom, avec ceux de MM. Renan et Littré, fit beaucoup de bruit dans ses derniers temps.

M. Taine, après de très-brillantes études, avait occupé en province plusieurs chaires de professeurs ; mais bientôt fatigué des tracasseries qui lui furent faites, (on voulut l'envoyer à Besançon comme suppléant de sixième,) il quitta l'Université et partit pour Paris.

Ses débuts dans la *Revue de l'instruction publique* attirèrent de suite l'attention sur M. Taine. Il ne s'attarda point dans cette revue, et passa bientôt après au *Journal des Débats* et à la *Revue des deux Mondes*. Ses articles de critique et ses études littéraires produisirent une grande sensation, et reposaient sur des théories entièrement neuves. C'était une sorte de philosophie de la littérature qui prit le nom de critique naturelle et physiologique.

C'est dans cet esprit que M. Taine publia,

pour ne citer que les plus importantes de ses
œuvres : son *Essai sur les Fables de La Fontaine* ; son *Essai sur Tite-Live*, ouvrage cou-
ronné par l'Académie malgré la hardiesse de
ses vues et de ses doctrines spinozistes ; ses
Essais de critique et d'histoire ; ses études sur
Racine, Balzac, Jean Reynaud, Addison, Pope,
Dryden ; et son *Histoire de la littérature an-
glaise*, vaste trésor de connaissances solides
et de jugements remarquables par leur justesse.

Les théories de M. Taine furent loin d'être
acceptées sans contestation. Elles furent at-
taquées avec acharnement, et leur auteur lui-
même fut souvent jugé avec passion.

M. Vapereau, dans l'*Année littéraire*, nous
fournit sur M. Taine une appréciation plus
modérée et plus saine : « Condamné par sa
doctrine, dit-il, à tracer des figures géomé-
triques au lieu de dessiner des figures vivantes,
M. Taine, dont le talent vaut mieux que le
système, laisse le sujet de ses analyses s'ani-

11*

mer sous ses mains. Il veut donner de pures formules de cerlces, d'ellipses, de paraboles, et de toutes sortes de courbes, et il s'échappe sans cesse de sa propre courbe, selon la tangente, pour se promener dans les libres espaces de la fantaisie et de l'art. Son style est orné, vif, coloré, animé ; sa pensée a des échappées politiques. Il a tout l'éclat et tout l'élan de l'imagination, dans un système qui supprime l'imagination. »

Cette sorte de critique, inaugurée par M. Taine, n'a pas tardé à trouver un nouveau théoricien dans M. Deschanel, qui prétend l'élever à la dignité de science dans sa *Physiologie des écrivains et des artistes* ou *Essai de Critique naturelle.*

Nous avons vu combien souvent la soumission exigée des universitaires a enrichi le journalisme au dépens de l'enseignement. Ce fut aussi le cas de M. Francisque Sarcey. La critique dramatique y gagna un excellent juge de plus. A un jugement très-sain et à un grand

fonds d'études classiques, M. Sarcey joint une
étonnante connaissance des choses du théâtre.
C'est ce qui donne à ses articles travaillés avec
conscience, malgré leur pétulance, leur ardeur
primesautière, une autorité considérable, et
c'est à juste titre qu'on regarde M. Sarcey
comme l'un des critiques dont les appréciations ont le plus de valeur. Il est à regretter
qu'il n'ait point publié plus d'ouvrages en
dehors de ses feuilletons et articles de journaux et revues. Son œuvre est cependant importante.

On sait que c'est à M. Ed. About avec qui
il avait partagé les couronnes du lycée Charlemagne qu'il doit son introduction dans le
journalisme. Les deux rivaux et amis y mar-
chèrent presque toujours en se donnant la
main. On vit successivement M. Sarcey au
Figaro, où il signa S. de Suttières, (du nom
de son pays natal,) à la *Revue Européenne*,
au *Nain jaune*, à l'*Illustration*, à l'*Opinion
Nationale* dont il rédigea le feuilleton théâtral

depuis 1860, date de sa fondation, jusqu'en 1867. Puis après avoir collaboré au journal le *Temps*, il fut l'un des principaux auxiliaires de M. About pour fonder le *Gaulois*, qui dut à M. Sarcey de nombreux et excellents articles d'actualité et de critique. L'esprit politique de cette feuille venant à subir un premier changement, M. Sarcey s'en retira avec M. About; il l'aida à fonder le *XIX° Siècle* où ses spirituelles causeries obtinrent de suite un grand et légitime succès.

Il convient de payer un juste tribut d'hommage et d'admiration à l'un des plus savants et des plus sincères critiques littéraires de notre temps, M. Brunetière. C'est formuler d'avance le jugement de la postérité, mais c'est aussi lui donner la place à laquelle il a déjà droit.

Nous ne pouvons résister au désir de nommer enfin deux jeunes écrivains, M. Gustave Larroumet qui donne un si grand attrait à ses cours de la Sorbonne et M. Jules Lemaître, appelé depuis peu à succéder, comme critique dramatique du *Journal des Débats* à M. J.-J. Weiss, et déjà célèbre par ses essais littéraires où il y a, disait-on récemment « tant d'éclat, tant de verve légère, tant d'idées neuves ou piquantes, de pensées exquises, de passages vraiment charmants ! »

Tout marche, tout avance dans le monde. La critique, au xixe siècle, comme dans les siècles précédents, a suivi toutes les évolutions de la philosophie dont elle s'inspire. Toutes deux ont également besoin de la liberté pour prendre leur essor. Mais en devenant savante et précise, la critique aussi doit se montrer de plus en plus large et libérale, son rôle n'est pas seulement de diriger l'esprit, mais aussi de l'exciter dans son audace. Qu'elle s'arme plutôt de l'aiguillon que du frein, et que loin d'humilier les auteurs, elle devienne au contraire pour eux un encouragement et une récompense.

FIN

TABLE DES MATIÈRES

FIN DE LA TABLE

Imprimerie de DESTENAY. — Saint-Amand (Cher.)

www.ingramcontent.com/pod-product-compliance
Lightning Source LLC
Chambersburg PA
CBHW070635100426
42744CB00006B/692